제이캠퍼스
경영 고전 읽기
시즌1

제이캠퍼스
경영
고전
읽기

시즌1

정구현 신현암 지음

서문

반드시 알아야 할 경영의 본질을 다룬다

　최근에 제주도에 간 적 있으신가요? 맛집 찾기가 과거보다 훨씬 쉬워졌습니다. 왜일까요? 바로 SNS 때문입니다. 한 친구가 그러더군요. "내가 10년 만에 제주도에 왔어. 많이 달라졌더라. 특히 식당이 그래. 10년 전에 올 땐 관광객티가 나서 그랬는지 엄청 바가지를 썼거든. 근데 지금은 그런 게 없어진 거 같아. 서비스도 훨씬 좋아졌고. 하긴 한번 삐끗하면 바로 SNS에 올리잖아. 그러면 사람들이 안 가. 망하는 거지. 주인들도 다 아는 거야."

　여러분도 이 말에 수긍하리라 믿습니다. 그만큼 사업하는 환경이 바뀐 거죠. 하지만 아무리 서비스가 좋더라도 맛이 그저 그렇다면 성공하기 힘듭니다. 음식점의 기본은 맛이거든요. 욕쟁이 할머니 집의 욕은 사라졌을지 몰라도 욕쟁이 할머니 집의 친근함과 맛의 탁월함은 영원하죠.

우리는 조그마한 사업을 하건, 큰 기업을 경영하건 모두 성공을 꿈꿉니다. 그러려면 경영의 본질을 알아야 하죠. 삼성을 글로벌 기업으로 일군 이건희 회장은 '업의 개념'이란 단어를 만들어낸 것으로 유명합니다. 이는 "사업이란 무엇인가?"라는 질문에 대한 해답인데요. 크게 업의 본질과 업의 특성으로 나뉩니다. 업의 본질은 시간이 지나도 변하지 않는 그 업의 기본 가치를 의미하고 업의 특성은 시대나 환경 등의 조건에 따라 달라지는 업의 속성을 의미합니다. 욕쟁이 할머니 집의 친근함과 맛의 탁월함이 업의 본질이라면 할머니의 욕은 업의 특성이죠.

따라서 사업을 하려면, 제대로 된 사업을 하려면 업의 특성을 자유롭게 변화시키면서 업의 본질을 놓치지 않아야 하죠. 사업 환경에 따라 변신을 하되 기본기를 놓치면 안 된다는 겁니다. 사업 환경의 변신에 관한 참고서는 많이 있습니다. 해마다 늦가을이면 등장하는 트렌드 서적이 그렇고요. 금융위기, 코로나 팬데믹, 러시아의 우크라이나 침략 전쟁 등 굵직굵직한 사건이 발생하면 이러한 사건이 어떤 영향을 미치고 어떻게 대응해야 하는지에 관한 수많은 정보가 그렇습니다. 하지만 기본기에 관해 이야기하는 책은 거의 없죠.

기본기를 이야기하면서 오랫동안 살아남는 책. 우리는 이를 고전이라고 합니다. 대표적인 책이 『논어』죠. 워낙 유명한 책이어서 책에 얽힌 일화도 많습니다. 조보는 중국 송나라를 건국한 조광윤의 부하입니다. 대단한 무인이었죠. 황제의 사랑을 많이 받았습니다. 그래서 시기하는 무리도 꽤 있었죠. 조광윤이 죽고 그의 동생이 황제 자리에 오릅니다. 그러자 "조보는 평생 전쟁만 했다. 일자무식이다."라고 헐뜯습니다. 아무래도 전시의 지휘관과 평화 시의 지휘관이 같을 수는 없겠죠. 2대 황제는 묻습니다. "소문을 듣기에 당신이 평생 읽은 책이 고작 『논어』 한 권이라는데 사실인가?" 조보는 답합니다. "네, 전하. 신이 평생에 아는 바는 진실로 『논어』를 넘지 못합니다. 그러나 이미 전에 그 절반으로 태조께서 천하를 평정하시는 데 보필했고 이제는 그 나머지 반으로써 폐하께서 태평성세를 이룩하시는 곳에 보필하고자 합니다."라고 답했습니다. 이에 2대 황제는 그를 재상으로 임명했고 조보 또한 명재상으로 이름을 남겼습니다. '반부논어'라는 고사성어의 유래지요.

삼성을 창업한 이병철 회장은 이런 말을 했습니다. "나는 책을 다독이 아니라 난독, 마구잡이로 읽는다. 그런데 그중에서 내가 그나마 제대로 읽은 책은 『논어』였다. 나라는 인간을 형성하는 데 가장 큰 영향을 미친 책은 바로 『논어』다."

수십만 권의 책을 읽는 것보다 고전인 『논어』 한 권을 읽는 것이 훨씬 낫다는 의미입니다. 어디 논어뿐이겠습니까? 『성경』 『불경』 『오디세이아』 『일리아스』 등 수천 년 전에 쓰였지만 지금까지 살아남아 읽히는 고전들은 그만한 가치가 있는 거죠.

경영도 그렇습니다. 최근의 흐름도 당연히 알아야 하지만, 경영 고전도 놓쳐서는 안 되죠. 업의 특성도 알아야 하지만 업의 본질을 놓쳐서는 안 되는 것처럼 말이죠.

대표적인 경영 고전으로 피터 드러커가 쓴 『경영의 실제』를 들 수 있습니다. 그는 '기업이 존재하는 이유가 무엇인가?'라고 묻습니다. 그러면 '돈을 버는 것 아닌가?'라는 말이 입에 맴돌면서도 차마 꺼내지는 못하죠. 병원은 왜 존재할까요? 환자를 치료하기 위해서입니다. 군대는 왜 존재할까요? 나라를 지키기 위해서입니다. 이러한 맥락에서 기업의 존재 의의를 물을 때 돈 이야기를 하면 좀 민망하죠. 이에 대해 피터 드러커는 '고객 창조'라는 말로 깔끔히 정리했습니다(자세한 내용은 피터 드러커 편 참조). 그의 탁월한 식견에 감탄을 금치 못합니다.

물론 피터 드러커가 유일한 경영 구루는 아닙니다. 포터, 하멜, 프라할라드 등 내로라하는 경영 구루들이 있죠. 그런데 그들의 이름은 들어봤지만 그들의 주장은 잘 알지 못합니다. 그걸 알면 업의 본질을 이해하게 되고 그러면 사업을 더 잘할 수 있는데도 말이죠.

그래서 필자들은 '경영 고전을 소개해야겠다.'라는 사명감으로 매월 한 권씩 소개하기 시작했습니다. 2020년 7월의 일입니다. 시간이 흘러 콘텐츠가 꽤 쌓였습니다. 유튜브를 통해 일부 내용을 공개했고요. 이를 묶어 이번에 책으로 발간하였습니다. 이 책이 경영 명저를 소개한 최초의 책은 아닙니다. 하지만 다음과 같은 점에서는 최초입니다.

- 기업 경영의 흐름을 소개하였습니다. 이를 숙지하고 본문을 읽

으면 훨씬 이해가 쉽습니다. 역사 공부를 할 때 단순히 연도를 암기하는 것이 아니라 사건의 발생 배경과 흐름을 이해하면 공부가 쉬워지는 것과 같은 이치입니다.
- 경영 구루의 각종 에피소드를 담았습니다. 이 또한 본문을 읽기 쉽게 하기 위함입니다.
- 질의응답이 들어가 있습니다. 답변을 어떻게 했는가보다는 어떤 질문을 했는가가 훨씬 중요합니다.
- 동영상을 함께 시청할 수 있도록 유튜브 QR 코드를 붙여놓았습니다.
- 벽돌책이나 장식용 책이 아닌, 실제 읽히는 책이자 여러분의 사업에 도움이 되고 무기가 되는 책으로 만들기 위해 노력했습니다.

이론과 경험은 같이 가야 합니다. 『논어』 첫 구절은 학이시습지學而時習之로 시작합니다. 학學은 배운다로 이론이고 습習은 익힌다로 경험입니다. 부디 이 책이 여러분의 사업 번창에 도움이 되길 기원합니다.

이 책을 위한 안내

경영 고전에서 경영학의 핵심을 배운다

경영 구루의 어깨에 올라 타자!
'어떻게 조직을 경영하고 관리할 것인가?'
약 1만 년 전 인류가 농경사회를 시작했을 때부터 경영관리는 계속해서 풀어야 했던 과제였을 것이다. 예를 들면 고대 이집트에서 댐이나 피라미드 같은 대규모 토목공사를 할 때 수만 명을 조직화해서 일을 시키고 일정을 관리하는 기법이 필요했을 것이다. 고대 바빌로니아에서 제정된 함무라비 법전에는 상거래와 회계의 원칙이 포함되어 있다고 한다.* 중국의 고전에도 인간관계, 사회규범,

---

* 대니얼 렌Daniel A. Wren의 저서인 『경영사상의 역사The History of Management Thought』(2005년 발간)에는 산업혁명 이전의 경영사상과 세계 여러 지역에서 발견되는 경영관리의 초기 모습이 그려져 있다.

전쟁 등 지금의 경영학에 해당하는 가르침이 많다. 그러나 우리가 경영학이라고 부르는 이론과 기법의 체계는 주로 산업혁명 이후에 형성되었다고 보는 것이 맞다. 르네상스 시대로 인간이 신으로부터 좀 자유로워지고 대항해 시대로 상업자본이 축적되고 무역이 성장하면서 시장이 왕정이나 국가로부터 분리되기 시작했다. 17세기 초 네덜란드 동인도 회사는 최초의 유한회사라는 제도 혁신을 만들었다. 또 스코틀랜드 철학자이자 정치경제학자 애덤 스미스 Adam Smith는 『국부론 The Wealth of Nations』에서 시장경제 원리를 정리했다. 그는 인간이 이기적이면서 합리적이라는 전제 아래 시장의 작동을 설명했다. 그러나 당시 18세기까지는 공업은 수공업 규모였고 아직 근대적인 대기업이 나오지 않았다. 경제학 원론 책에 나오는 완전 경쟁시장에서는 수많은 공급자와 수요자가 있고 공급자인 기업은 시장에서 결정되는 가격을 수용하는 수동적인 존재였다. 대기업이 등장하기 전까지는 이런 애덤 스미스의 시장경제의 수요와 공급 이론이 잘 적용되었다.

근대적인 대기업은 2차 산업혁명 후에 생산과 유통이 대규모화되면서 등장했다. 대체로 1870년부터 시작해서 약 50년간 현재 인류 생활의 모습을 결정한 여러 기술 혁신이 일어났다. 지금 시기를 정보혁명(3차 산업혁명)에 이은 4차 산업혁명의 시대라고 하지만 2차 산업혁명이 인류에 가져온 변화에 비하면 아직은 그다지 대단한 것은 아니라는 주장도 있다. 자동차와 전기의 보급으로 큰 공장이 들어섰고 사람들은 도시에 몰려들어 살게 됐다. 통신과 교통 기술이 크게 발전했고 철강, 기계, 정유, 석유, 화학 등 중화학 공업이 경제의 중추로 자리잡기 시작했다. 이들 산업은 규모가 커야 원가가 낮아지기 때문에 제품을 표준화해서 대량생산하고 대량유통하는 것이 유리했다. 20세기 들어서 미국이라는 거대시장이 단일시장이 되면서 미국 기업은 생산성이 높아졌고 힘을 발휘하기 시작했다. 그러면서 경영 이론과 기법이 발달하고 체계화되었다. 20세기 초에 형성된 미국 기업의 우위는 21세기인 지금까지도 어느 정도 유지되고 있다. 그러다 보니 미국 대학들과 연구자들이 경영과 경영학의 주류로 자리잡게 됐다. 이 책에서 소개하는 경영 고전 대부분이 미국의 저자와 책으로 이루어진 배경이다. 이 책에서 다루는 12권은 주로 1950년 이후, 특히 1990년 이후에 나온 경영서가 주류를 이루고 있다.

그렇다면 과연 미국의 경영 이론을 담은 책이 지금의 한국 기업에도 유용한가? 현재 한국의 경영자가 당면한 여러 가지 과제를 푸는 데 도움이 될까? 기업이 처한 상황이 모두 달라서 하나의 정답이 있는 것은 아니다. 하지만 미국 경영학의 이해는 지금 우리가 당면한 문제의 해답을 찾아가는 데 중요한 단서를 제공할 것이다. 이미 선각자가 고민한 문제와 그 해법을 참고한다는 것은 경영 구루의 어깨 위에 올라가는 일이다. 우리가 고전과 명저를 공부해야 하는 이유이다.

피터 드러커 이전의 경영학 선구자들은 누구인가

이 책에서 소개하는 12권 중에서 가장 오래된 고전은 1954년에 출간된 피터 드러커Peter Drucker의 『경영의 실제The Practice of Management』다. 피터 드러커는 이 책에서 이미 기업의 목적이 고객의 만족을 통해서 달성된다는 것과 기업이 사회적 기여를 해야 한다는 것을 지적하고 있다. 물론 드러커 이전에도 경영관리 분야의 선지자들과 명저가 있었다.

미국 경영학의 역사는 길게 보면 1880년경부터 시작됐다고 할 수 있다. 미국 경제가 2차 산업혁명으로 급성장하기 시작하던 때다. 원유가 대량생산되면서 1860년을 계기로 자동차가 생산됐고 철도의 보급이 증가하면서 미국 재계에 록펠러John Davison Rockefeller, 카네기Andrew Carnegie, 밴더빌트Cornelius Vanderbilt 같은 거부들이 나오기 시작했다. 1881년에 펜실베이니아대학교의 와튼스쿨에서 미국 대학교 최초로 당시에 상학이라고 부른 경영학을 가르치기 시작했다. 그전에도 유럽에 상학이라는 분야가 있었다. 하지만 현대 경영학의 본산을 미국으로 본다면 와튼스쿨 설립을 경영학의 시작 시점으로 잡을 수 있을 것 같다. 상학商學은 물건을 사고 파는 상업에 관한 학문이고 경영학經營學은 대규모 (제조)기업의 경영과 관리에 관한 학문이다.

경영 고전의 시작으로 보통 프레더릭 테일러Frederick Taylor가 1911년에 출간한 『과학적 관리법The Principles of Scientific Management』을

꼽는다.** 테일러는 당시에 공장의 효율적인 운영을 연구하고 자문을 맡고 있었다. 그는 이미 1880년대부터 과학적 공장관리 기법을 연구하고 개발해서 여러 기업에 전수했다. 테일러가 왕성하게 활동한 1890~1915년의 기간은 유명한 포드의 대량생산 시스템이 자리잡았을 때다. 근대 기업의 시작인 제조업의 대량생산과 대량유통의 기초가 잡히는 시기에 기여를 많이 했기 때문에 경영학의 원조로 테일러를 꼽는 것이다.

미국에 테일러가 있었다면 프랑스에는 앙리 파욜Henri Fayol이 있었다. 테일러가 공장관리에서 주로 근로자와 노동의 효율적인 관리를 다루었던 반면에 파욜은 『경영관리론Administration industrielle et générale』에서 그야말로 경영관리의 원칙을 다루었다. 파욜은 경영관리를 6개 직능functions으로 나누고 경영관리의 14개 기본 원칙을 제시했다. 그리고 경영의 프로세스라고 할 수 있는 계획, 조직화, 명령, 조정, 통제를 자세히 논의하고 있다.*** 우리가 요즘 경영의 프로세스라고 하는 계획Plan – 실행Do – 평가See를 설명하고 있

** 시즌2에 공부할 리처드 루멜트Richard P. Rumelt의 책 『전략의 거장으로부터 배우는 좋은 전략 나쁜 전략 Good Strategy Bad Strategy』의 319쪽을 보면 당시 철도왕인 카네기와 테일러가 만나는 일화가 소개되어 있다. "1890년 어느 날 피츠버그의 한 저택에서 열린 파티에서 카네기는 당시 유명 컨설턴트였던 테일러를 만나서 이렇게 말했다고 한다. '이보 젊은이, 자네가 내게 경영에 대해서 유익한 이야기를 해 주면 1만 달러를 주지'. 테일러는 "카네기 씨, 당신이 할 수 있는 가장 중요한 일 10가지를 작성해서, 당장 1번부터 시작하세요'라고 말했다. 일주일 후에 테일러는 카네기가 보낸 1만 달러짜리 수표를 받았다."

*** 파욜에 대한 설명은 다음 책을 참조하였다. 박기찬, 이윤철, 이동현 공저의 『경영의 교양을 읽는다』 (더난출판, 2005)의 제2장. 이 책은 경영학의 고전 30권을 선정해서 각각에 대한 소개와 해설을 하고 있다. 이 책에서는 지난 100년을 세 시기로 나누고 첫 시기인 1910~1960년에 나온 10권의 고전을 소개하고 있는데 1번과 2번이 테일러와 파욜이다.

는 것이다. 2014년에 출간된 『앙리 파욜의 경영관리론』의 역자인 경상국립대학교 김홍길 교수는 파욜이 진정한 경영학의 아버지라고 주장하고 있다. 드러커도 『경영의 실제』 서문에서 테일러와 파욜의 경영학에 대한 기여를 언급하고 있다.

이 두 선각자가 기존 기업의 관리와 효율적 운영에 관심이 있었던 데 반해 조지프 슘페터 Joseph Schumpeter는 일찍이 창업하는 기업가와 혁신의 역할에 주목했다. 오스트리아 출생의 슘페터는 20세기 전반에 존 메이너드 케인스 John Maynard Keynes와 쌍벽을 이루는 경제학 이론가였지만 자본주의의 본질을 창조적 파괴의 과정으로 파악했다. 그가 1942년에 쓴 대표작 『자본주의, 사회주의 그리고 민주주의 Capitalism, Socialism and Democracy』는 자본주의의 미래에 대한 통찰력을 보여준다. 창조적 파괴란 기술 혁신으로 기존의 것을 무용화하고 새로운 것을 만드는 과정으로 바로 기업가의 역할이다. 혁신적인 기업가는 창조적 파괴의 과정을 통해서 이윤을 창출한다는 것이다. 우리가 이 책에서 다루는 많은 책이 혁신을 주제로 하고 있다. 슘페터는 요즘 말로 '와해적(또는 파괴적) 혁신 disruptive innovation'의 개념을 가장 먼저 제시했을 뿐만 아니라 창업과 기업가의 긍정적 역할을 일찍이 갈파한 대단한 선구자이다.

이 세 선각자의 책 이외에도 1950년 이전에 나온 주목할 만한 책이 여러 권 있다. 1938년에 출간된 체스터 바너드 Chester Barnard의 『경영자의 기능 The Functions of the Executive』, 엘턴 메이요 Elton Mayo의 작업과 작업자에 관한 연구, 그리고 이상적인 관료조직에 관한 연구로는 막스 베버Max Weber의 책도 빼놓을 수 없다. 테일러나 파욜과 동시대 사람이었지만 연구 업적은 사망 후인 1940년대에 많이 알려졌다. 그는 『프로테스탄트 윤리와 자본주의 정신The Protestant Ethic and the Spirit of Capitalism』으로 유명하지만 경영학의 관점에서는 관료조직의 원리와 우수성을 다룬 저서 『경제와 사회 Economy and Society』가 큰 영향을 주었다.

재미있는 점은 20세기 전반부인 1900~1950년에 기업 경영의 원리를 연구한 분들이 대개 실무 경험이 있는 분들이었다는 것이다. 테일러는 철강공장에서 엔지니어로 일했고 파욜은 대학 졸업 후에 바로 광산회사에 취직해서 일했으며 1888~1918년까지 30년 동안 사장이었다고 한다. 파욜은 CEO로 30년을 일하면서 기업 경영 이론을 정립한 대단한 선구자였다. 체스터 바너드도 전화 회사에 39년간 다니면서 사장으로도 일하면서 연구와 집필 활동도 열심히 하였다. 반면 막스 베버는 대학에서 법학과 경제학을 강의한 교수 출신이다.

테일러의 책 출간 이후 1950년대 초까지 약 40년의 시기는 제1, 2차 세계대전과 대공황이 있었던 암흑기다. 서양에서는 1914~1945년을 흔히 전간기inter-war period라고 부르는데 세계 경제가 후퇴한 시기이다. 전쟁과 대공황 시기의 보호주의 때문에 자유무역이 크게 위축됐고 또한 1860~1914년 1차 글로벌화 시기에 급성장했던 무역과 투자와 사람의 이동이 많이 축소됐다. 그러나 미국은 제1차 세계대전에 거의 참여하지 않았고 제2차 세계대전 때도 자기 영토에서는 전쟁의 참화를 피하면서 기술 발전을 이루고 생산력이 늘어났다. 그 때문에 제2차 세계대전이 끝날 무렵에 미국은 막강한 군사력, 산업생산력, 기술력, 경제력을 갖추게 되었다. 자동차, 기계, 화학, 철강과 같은 미국의 중화학 산업은 세계대전 기간 중 무기 생산을 통해서 더욱 커지고 효율화되었다. 이 시기에 GM에 앨프리드 슬론Alfred Sloan이라는 탁월한 경영자가 나타나서 포드를 누르고 그 후 수십 년간 미국의 최대 기업이 되었다.

경영학의 화두는 어떻게 바뀌어왔는가

책이란 시대 상황을 반영할 수밖에 없다. 이 12권의 책이 나왔던 시대의 변화를 간단히 살펴보고자 한다. 제2차 세계대전이 끝난 1945년 이후 지금까지의 시기를 편의상 20년 단위로 나누면 1950~1970년, 1970~1990년, 1990~2010년, 2010~2030년의 네 시기가 된다. 그 네 시기의 특징을 경영 고전의 배경으로 설명하고자 한다.

• 제1기(1950~1970년): 관리의 시대

이 시기는 미국의 경제력이 세계 경제의 40~50%에 달할 정도로 압도적이었고 유럽과 일본은 아직 전쟁의 폐해에서 완전히 회복되지 못했다. 미국 경제는 중산층이 크게 확대되면서 시장이 커지고 기업은 호황을 누렸다. 미국 기업은 늘어나는 수요를 충족시키느라 바빴기 때문에 대량생산과 대량유통에 더욱 박차를 가하고 효율성을 극대화했다. 따라서 기업 경영은 내부 관리에 치중했던 시기다. 드러커의 명저인 『경영의 실제』 외에도 경영 고전이 여러 권 나왔다. 무엇보다도 필립 코틀러Philip Kotler의 『마케팅 관리: 분석, 계획, 통제Marketing Management』가 1967년에 나와서 마케팅 분야에서 독보적인 위치를 차지했다. 그 후 수십 년간 경영학을 공부한 사람들은 거의 모두 코틀러 교수의 마케팅 책으로 공부했다. 코틀러는 1962년부터 노스웨스턴대학교의 교수직을 역임했으니 '마케팅의 살아 있는 역사'라고 할 만하다.

이 시기의 또 한 명의 저자로 '의사결정학파'를 만든 허버트 사이먼Herbert Simon을 언급하지 않을 수 없다. 기업은 고위 경영자의 의사결정에 의해서 크게 좌우된다. 사이먼은 이러한 의사결정의 한계를 지적했으며 그 유명한 '제한된 합리성bounded rationality'이라는 개념을 제시했다. 애덤 스미스가 '합리적이고 이기적인 인간'을 전제로 이론을 제시했던 것과 달리 사이먼은 '인간이 반드시 합리적이지만은 않다.'라는 대안적인 전제를 제시했다. 지식, 시간, 능력의 한계 때문에 경영자의 의사결정이 반드시 최선의 선택이 아닐 수 있다는 점에 유의해서 경영해야 한다는 것이다. 사이먼의 통찰력은 이후에 계승 발전되어서 행동경제학의 발전을 가져왔다. 이 공로로 사이먼은 1979년에 노벨경제학상을 받았다. 그의 저서 『관리행동론: 조직의 의사결정 과정 연구Administrative Behavior』는 1947년에 초판이 나왔고 1997년에 초판 발행 50주년을 기념하는 개정 4판이 나왔다. 이 책은 경영학은 물론 경제학, 정치학, 심리학, 수학, 통계학, 컴퓨터과학, 심지어는 인공지능 분야에까지 큰 영향을 미쳤다.

- **제2기(1970~1990): 전략의 시대**

1971년에 미국 달러의 막강한 위치가 조금 흔들리고 바로 유가가 급등하면서 세계는 10년간 스태그플레이션을 맞게 된다. 미국 경제가 저성장 시대로 접어들면서 기업은 외부 환경의 변화에 더 관심을 가지게 되었을 것이다. 그러면서 일본 기업의 부상이 두드러진 1980년대를 맞게 된다. 미국 정부와 경제계는 1980년대 초에 자국의 경쟁력이 약화된 것을 자각하고 경쟁력 강화를 시도하는 동시에 일본에 대한 다양한 개방 및 규제 완화 압력을 행사했다. 미국 정부의 일본에 대한 다양한 개방 압력에도 불구하고 일본 기업의 경쟁력이 여전히 강력한 가운데 1985년 G7 국가가 플라자 합의에 도달하면서 1년 만에 엔화의 가치가 달러 대비 240엔에서 130엔으로 절상된다. 그 후 일본 경제는 우여곡절 끝에 1991년 부동산과 주식시장의 붕괴를 경험했다. 그러나 당시에는 그 시점이 30년 장기 침체의 시작이라는 인식은 없었을 것이다. 지금 돌이켜 보면 1980년대는 일본 기업의 전성기였다. 그래서 1990년대 초에 나온 게리 하멜Gary Hamel, 노나카 이쿠지로野中 郁次郎, 클레이튼 크리스텐슨Clayton M. Christensen 등의 책들은 암묵적으로 일본 기업을 모델로 했거나 일본 기업의 여러 성공 사례를 제시하고 있다.

이 시기는 퍼스널 컴퓨터PC의 등장이 가장 큰 기술 혁신이었으며 애플과 마이크로소프트가 강자로 부상했다. 그러나 전통산업에서는 기존 질서를 뒤바꾸는 기술 혁신이 별로 눈에 띄지 않으면서 과점 기업 간의 경쟁전략이 중요시되었다. 이러한 산업계의 필요에 답을 제시한 책이 마이클 포터Michael Porter의 『경쟁전략Competitive Strategy』이다. 포터는 산업조직론의 이론을 활용하여 기업의 경쟁구도, 경쟁전략, 가치사슬과 같은 전략분석의 틀을 제시했다. 포터 이전에도 경영전략을 주제로 한 책은 있었다. 특히 전략적 경영의 틀을 제시한 사람은 이고르 앤소프Igor Ansoff다. 러시아 출신 앤소프는 1965년에 출판된 저서 『기업전략Corporate Strategy』에서 기업의 전략적 기획의 틀과 방법론을 제시했다. 특히 그는 사업의 기본 단위인 제품시장을 중심으로 기업의 다각화 전략의 틀을 제시했다. 기존의 제품시장에서 성장이 한계에 달하면 이와 관련된 산업으로 다각화를 구상하게 되며, 시너지의 존재 여부에 따라서 관련다각화와 비관련다각화의 전략 선택이 이루어진다. 이때부터 전략적 기획의 기본 메뉴인 스왓SWOT 분석, 성장전략, 시너지, 경쟁우위와 같은 개념들이 정립되기 시작했다. 포터는 분석의 틀이 어느 정도 잡힌 경영전략 분야에 이론적 뒷받침을 한 것이다.

이 시기에 또 하나 두드러진 경영서로 톰 피터스Tom Peters와 로버트 워터맨Robert Waterman Jr.이 공저한 『초우량 기업의 조건In Search of Excellence』이 있다. 이 책은 그 후에 나오는 여러 우량 기업의 특징에 관한 귀납적 연구의 시초가 된다. 그때까지의 경영 고전은 뛰어난 학자나 경영자의 경험, 직관, 그리고 논리적인 연구에 바탕을 두었다. 반면 이 책은 어느 시점에 뛰어난 성과를 내는 기업을 선택해서 전략이나 조직의 특징을 찾아내는 연구에 바탕을 두었다. 저자들은 1961년부터 1980년까지 탁월한 성과를 낸 62개의 초우량 기업을 선택해서 공통된 특징 8개를 제시했다. 그들이 발견한 8개의 원칙이 고객에 관한 관심, 현장우선주의, 실천과 시행착오, 공유가치와 기업문화 등 경영의 기본에 대한 새로운 인식을 강조했다. 이 책은 또한 당시의 기업전략이 자료와 분석을 바탕으로 한 합리주의에 지나치게 치우쳐 있다는 것을 깨우치게 했다.

두 저자는 단번에 구루의 지위로 격상되었고 그 후 경영컨설팅이라는 직업과 산업의 위상을 정립했다. 또한 이 책은 수백만 부가 팔리면서 경영서의 대중화에 크게 기여했다. 이 책이 히트 친 후에 서점에 경영서 코너가 생겼다고 한다. 이 책에 대한 비판으로 초우량 기업을 몇 년 후에 다시 조사해보니 평범한 회사가 되었다는 지적도 있었다. 하지만 피터스와 워터맨의 책이 경영자들과 기업 경영에 큰 영향을 미친 것은 확실하다.

- 제3기(1990~2010년): 혁신의 시대

1990~2010년에 미국 경제와 기업은 다시 막강해졌다. 1991년에 구소련이 해체되고 제2차 세계대전 후 냉전 시대의 양 진영 중 하나였던 공산주의 캠프가 무너졌다. 프랜시스 후쿠야마Francis Fukuyama의 저서 『역사의 종언The End of History and the Last Man』의 제목이 암시하듯이 이제 세계는 민주주의와 시장경제라는 하나의 체

제로 수렴되는 것 같았다. 제2차 세계대전 직후처럼 다시 미국의 전성시대가 왔다. 그동안 미국에 도전했던 구소련과 일본이 모두 힘을 잃었다. 그러나 미국은 체제경쟁이 없어지면서 다소 오만해졌다. 중국을 시장경제와 글로벌화로 끌어들이면 정치체제가 달라질 것이라는 낙관적인 전제 아래 세계무역기구WTO에 가입시켰다. 그리고 미국의 금융 시스템은 2008년 금융위기를 자초하고 만다. 신용이 낮은 가정에 주택담보대출을 과다하게 제공하고 투자은행IB이 이를 재포장해서 많은 수익을 내고 파는 방식이 무너지면서 4대 투자은행 중 하나인 리먼브러더스가 파산했다. 월스트리트는 불신의 대상이 되고 비난의 표적이 되었다. 하지만 이런 비난은 오래가지 않았다.

 이 책에서 공부하는 12권의 책 대부분이 이 시기에 출간되었다. 특히 1995년 이후에 나온 책들은 거의 미국에서 잘나가는 회사들의 성공 사례를 바탕으로 쓰여졌다. 사업혁신을 통해서 경쟁우위를 만드는 주제의 책이 여러 권 발간되었고 혁신을 가능하게 하는 조직을 만들고(센게, 이쿠지로, BSC) 또한 체계적으로 창의적인 사고를 하는 방법으로 디자인 싱킹이 제시되었다. PC와 인터넷은 이미 널리 보급되었다. 정보기술IT을 바탕으로 제품과 프로세스와 사업의 혁신을 어떻게 만들어내고 조직을 어떻게 기민하게 할 것인가가 기업의 주 관심사였다. 이 시기에 나온 10권의 책은 모두 혁신의 방법론과 혁신을 가능하게 하는 조직을 다루고 있다. 선각자 슘페터가 '창조적 파괴'를 외친 지 60년 만에 다시 '와해적 혁신'의 시대가 온 것이다.

• 제4기(2010~2030년)는 어떤 시대가 될 것인가

　2007년에 애플의 스마트폰이 나오고 중국 민간기업의 경쟁력이 강해지면서 2010년부터 새로운 상황이 전개되고 있다. SNS가 보급되고 매스미디어에 대한 의존도가 낮아지면서 그 결과 대기업이 누리던 광고독점력이 약해졌다. 사회도 크게 변하기 시작했다. 이 책에서 소개하는 12권의 경영 고전은 2010년부터의 새로운 환경에 대해서는 다루고 있지 않다. 드러커가 1954년에 출간한 저서 『경영의 실제』가 GM이나 시어스와 같은 미국 대기업에서 어떻게 큰 조직을 움직일 것인가를 제시한 이후 경영학의 모습이 많이 달라지기는 했다. 그간에 관리의 시대, 전략의 시대, 그리고 다시 혁신의 시대로 기업의 관심이 변한 것은 사실이다. 하지만 아직도 경영 고전은 미국의 제조업 대기업을 염두에 두고 쓴 책들이 주류를 이루고 있다. 2022년의 시점에서 본 2010~2030년의 시기는 나중에 어떤 시대로 기록될까? 몇 가지 가능성을 생각해본다.

　① 기술의 시대

　: 2013년경부터 흔히 미국에서는 GAFA(구글·아마존·페이스북(현 메타)·애플), 중국에서는 BAT(바이두·알리바바·텐센트)로 불리는 빅테크의 시대가 열렸다. 그들은 플랫폼을 기반으로 고객집단을 고정화해서 독점력을 행사한다. 고객의 구매와 검색 등 일

거수일투족을 정보화해서 거대한 데이터베이스를 만들고 분석해서 고객의 의사결정을 예측해 사업을 한다. 기술의 시대는 바로 빅테크, 빅데이터, 또한 인공지능AI의 시대다.

② 창업의 시대

: 2010년 이후에 세계 기업지도가 변하기 시작했다. 2013년부터 세계 시가총액 10위 안에 드는 기업 중 7~8개가 빅테크 기업이다. 이들 중에는 아마존(1994년 창업)이나 구글(1998년 창업)과 같이 창업한 지 20년밖에 안 되는 기업이 많다. 실리콘밸리 지역은 1990년대부터 활성화되었다. 창업 생태계가 새로운 기술과 접목하면서 꽃을 피우기 시작한 것이다. 그런데 경영 고전은 슘페터를 빼면 창업에 관한 이론이나 스토리가 거의 없다. 대기업이 등장한 이후에 어떻게 경영과 관리를 할 것인가를 주로 다루었기 때문이다. 경영학은 사실은 창업 - 관리 - 전략 - 혁신의 사이클로 가는 게 맞겠지만, 경영학의 실제 발전은 관리 - 전략 - 혁신 - 창업의 순서로 발전한 것 같다. 아직은 창업이나 스타트업에 대한 이론이나 명저가 부족한 편이다.

③ 사회의 시대

: 기후변화, 2020~2022년의 코로나바이러스, 빈부격차가 전 세계적으로 확대되면서 기업의 사회적 책임CSR 요구가 커지는 시대이다. 이제 기업의 사회적 책임을 넘어서 ESG라는 이름으로 기업이 환경보존, 사회에 대한 책임, 공정한 지배구조를 가지라는 압력이 커지고 있다. 자유시장 경제의 본거지인 미국에

서조차 주주 자본주의가 아니라 이해관계자 자본주의가 수용되고 있다. 미국식 자본주의가 위기를 맞으면서 기업에 대한 사회의 요구가 점차 더 커지는 시기가 왔다.

④ 글로벌화 후퇴의 시대

: 1990년 이후 다시 세계 패권을 되찾은 미국은 중국을 새로운 도전자로 보고 고립시키고 약화시키려고 하고 있다. 특히 미국은 기술개발과 공급망에서 자국과 중국을 분리하려고 하는데 바로 글로벌화의 후퇴로 연결된다. 그러나 아주 복잡하고 치밀하게 구성된 글로벌 공급망이 쉽게 분리가 될까? 과연 민간기업이 주권 국가의 지정학적 구상을 그대로 받아들일까? 지정학과 기업이익의 충돌이 앞으로 어떻게 전개될까?

2010년 이후의 상황과 기업 경영의 과제는 경영 고전 읽기 시즌 2, 3으로 넘긴다. 일단 이 책에서는 주로 1990년부터 2010년 사이에 나온 혁신에 관한 책들을 공부한다.

다섯 가지 질문에 대한 답을 찾아본다

지금까지 1911년 테일러의 『과학적 관리법The Principles of Scientific Management』 이후 110년이 넘는 시기에 나온 경영 고전의 흐름을 살펴보았다. 이 책에 소개되는 12권의 관심사는 아무래도 1990~2010년 기간에 기업과 연구자들이 관심을 가졌던 '혁신'이다. 좀 더 좁혀서 보면 이 12권의 책은 다섯 가지 질문에 답하려는 시도라고 볼 수 있다.

- 질문 1. 장기 고성과 기업의 특징은 무엇인가?

짐 콜린스Jim Collins와 제리 포라스Jerry Porras의 『성공하는 기업들의 8가지 습관Built to Last』은 50년 이상 고성과를 유지한 18개 기업을 6년간 연구한 결과 핵심가치(강한 기업문화, 내부 경영자)와 발전자극(비핵BHAG, 계속 시도하는 끊임없는 개선)의 태극 모델을 제시하고 있다. 이 책은 1982년에 나온 피터스와 워터맨의 『초우량 기업의 조건』의 약점을 보완하기 위해서 50년 이상 고성과를 유지한 기업을 연구했다. 당시가 비교적 안정적인 시기여서 이런 접근이 가능했을 것이다.

초우량 기업을 연구해 우월한 전략과 조직 원리를 찾아내는 귀납적 방법론은 환경이 변해서 낙후되는 기업이 나오면 퇴색하게된다. 또 하나의 문제는 초우량 기업을 연구한 결과가 다른 평범한 기업이나 중소기업에 어느 정도나 적용될까 하는 의문이다. 이미 선순환의 경영 사이클에 들어가 있는 기업은 환경이 변하거나 매너리즘에 빠지기 전까지는 높은 성과를 유지할 것이다. 하지만 그렇지 못하고 자원이 부족한 기업이 혁신을 통해서 우량기업이 된다는 것은 결코 쉬운 일이 아니다.

게리 하멜과 C. K. 프라할라드C. K. Prahalad의 『시대를 앞서는 미래경쟁전략Competing for the Future』은 핵심역량core competence이라는 개념을 활용해 기업이 잘하는 것에 집중할 것을 제시하고 있다. 핵심역량이란 기업이 하는 여러 부가가치 활동 중에서 특히 잘하는 분야에서 성공하게 하는 역량을 가리킨다. 예를 들어 나이키가 제일 잘하는 분야가 제품 디자인과 마케팅이라면 그런 활동에 집중하여 역량을 키우고 생산은 외주를 주는 것이 효율적이라는 주장이다. 이 시기에 새로 등장한 경영전략 이론 중에서 '자원 기반 이론'과 맥을 같이 하는 개념이다. 마이클 포터는 성장산업의 중요성을 강조했지만, 자원기반이론에서는 산업보다는 기업의 내부 역량이 기업경쟁력의 핵심이라고 본다.

1980년대와 1990년대 초에 나온 책들은 일본 기업에서 영감을 많이 받았다. 그런데 과연 일본 기업이 그렇게 우수한가에 관해서 의문을 제기하지 않을 수 없다. 1970년대와 1980년대의 일본 기업의 고성과가 과연 경영시스템의 우수성 때문인지, 아니면 기업 여건(일본 경제의 고성장과 환율 등의 영향) 때문인지는 분명하지 않다. 또한 많은 미국 기업이 하멜과 프라할라드의 핵심역량 개념에 따라 생산의 아웃소싱, 특히 생산기지를 중국으로 이동했는데 지금에 와서 보면 부작용이 생기고 있다. 효율만 따지면 '핵심역량 집중+아웃소싱'이라는 공식이 답이지만 지정학과 외부 충격이 가해지면서 효율성 극대화 전략에 대한 재검토가 요구되고 있다. 1980년대 이후 미국은 제조업이 만드는 좋은 일자리가 줄어서 빈부격차가 확대되었던 것이다. 이러한 전략은 상품과 자본의 자유로운 이동을 전제로 한다. 지금 와서 본다면 세계적인 공급망의 불안을 일으킨 전략이라고 볼 수 있다.

• 질문 2. 기업은 경쟁우위를 어떻게 확보할 것인가?

마이클 포터는 저서 『경쟁전략』에서 산업조직론Industrial Organization 이론을 원용하여 시장경쟁의 프레임을 제시하고 있다. 1980년대 이후 경영전략 분야에서 단연 주목할 만한 책이다. 그는 이제는 상식이 된 많은 개념과 분석 틀을 제시해 전략 분야의 발전을 이끌었다. 경쟁우위의 유형(원가, 차별화, 집중), 5가지 산업경쟁요인 모델Five Forces Model, 가치사슬 등이 대표적이다. 특히 포터는 기업의 전략 수립에서 산업의 특징과 경쟁사의 유형을 구체적으로 고려해야 한다는 접근방법을 제시했다. 그러나 포터류의 산업조직론적 접근은 기업 내부의 상황(조직과 리더십)을 외면했다는 한계가 있다. 장기적으로 고성과 기업을 보면 기업 조직과 기업 문화의 영향이 매우 큰데 경제학적 접근은 기업 내부의 상황을 기본적으로 블랙박스로 보는 결정적인 약점이 있다.

김위찬과 르네 마보안Renée Mauborgne의 『블루오션 전략Blue Ocean Strategy』은 경쟁을 피해서 독특한 시장 위치를 찾아내는 방법론을 제시하고 있다. 구체적으로 여러 기업 사례를 통해서 ERRC 분석(제거Eliminate, 감소Reduce, 증가Raise, 창조Create)의 4단계를 거쳐서 새로운 가치곡선을 창출하는 방법론을 제시하고 있다. 경쟁을 피해서 혁신적인 아이디어와 전략으로 새로운 시장을 찾으라는 메시지가 매력적이다 보니 전 세계적으로 큰 인기를 얻었다. 그러나 성공하는 기업에는 항상 모방하는 경쟁자가 나타나게 마련이다. 다시 말해 블루오션도 시간이 지나면 레드오션이 된다. 물론 브린VRIN(가치성Valuable, 희소성Rare, 모방성Inimitable, 대체불가성Non-substitutable)의 조건을 가진 경쟁우위를 만들 수 있으면 계속해서 블루오션에 남을 수 있다. 그러나 과연 경쟁사가 모방하기 어려운 우위가 얼마나 있겠는가? 브린VRIN이란 이상적인 상태를 말하며 실제로 지속가능한 경쟁우위SCA, Sustainable Competitive Advantage는 달성하기가 매우 어렵다.

　에이드리언 슬라이워츠키Adrian Slywotzky와 칼 웨버Karl Weber의 공저『디맨드Demand』도『블루오션 전략』과 유사한 시도를 하고 있다. 고객의 미충족 욕구unmet need를 찾아서 충족시킬 수요창출(제품개발) 방법을 6단계로 제시한다. 매력, 미충족 욕구, 배경 스토리, 방아쇠, 궤도, 다변화이다. 이 두 책이 제시하는 것은 결국 끊임없는 혁신만이 지속적인 우위를 유지할 수 있다는 주장이다. 그렇다면 다시 조직론으로 돌아가게 된다. 지속가능한 경쟁우위는 끊임없이 혁신하는 조직에서 나오기 때문이다. 현실적으로 지속가능한 경쟁우위SCA는 가능하지 않기 때문에 실제로는 일시적인 우위를 계속 만들어야 한다는 주장도 있다. 이는 결국 같은 처방을 낳게 한다. 그래서 다음은 혁신을 어떻게 지속할 것인가라는 문제로 옮겨가게 된다.

- 질문 3. 사업 혁신을 어떻게 지속적으로 할 것인가?

　클레이튼 크리스텐슨의『혁신기업의 딜레마Innovator's Dilemma』는 '와해적(또는 파괴적) 혁신disruptive innovation'이라는 개념을 제시하며 대기업이 기존 사업에 영향을 주는 혁신을 하지 못하는 이유를 설명하고 있다. 왜 대기업에서 와해적 혁신이 어려운가를 설득력 있게 제시했다. 성공한 대기업은 나름의 성공 방정식을 가지고 있는데 임직원들이 바꾸는 것을 원하지 않는다는 것이다. 따라서 진정한 혁신을 달성하려면 기존의 조직이 아니라 새로운 조직을 만들어야 한다는 것이다. 소위 '양손잡이 조직'이 되어야 한다는 것이다. 한 손은 기존 사업의 성공을 계속하고 다른 손이 혁신을 주도해야 한다는 주장이다. 이렇게 장수하는 초우량 기업은 활용exploitation과 탐색exploration을 동시에 다 잘해야 한다는 것이다. 이 처방은 이제는 널리 인식되어 있다.

크리스 앤더슨Chris Anderson의 『메이커스Makers』는 오픈하드웨어와 3D프린터와 같은 신기술이 수많은 DIY형 중소 제조업을 탄생시킬 것으로 전망하며 구체적인 방법론을 제시하고 있다. 이 책은 저자의 창업과 혁신 경험을 바탕으로 지금의 상황에서는 한 개인이라도 창의적인 아이디어가 있으면 혁신이 가능하다는 구체적인 사례를 제시하고 있다. 저자는 '롱테일long tail'과 '프리코노믹스freeconomics'라는 개념을 만들어냈는데 와해적 혁신을 달성하는 데는 대기업보다 소기업이 더 유리할 수 있다는 것이다. 앞으로 적층생산(3D프린팅)과 같은 신기술이 가져올 제조업의 변화는 더 체계적인 분석이 필요할 것 같다.

- 질문 4. 혁신 조직의 특징은 무엇인가? 창의적인 사고는 어떻게 하는가?

피터 셍게Peter Senge의 『학습하는 조직The Fifth Discipline』은 시스템적 사고와 학습조직의 핵심규율을 제시한 명저다. 셍게는 1990년에 이미 기업이 추구해야 할 가치(공유비전), 일과 삶의 조화, 팀 학습 등 21세기적 경영과제를 설파하고 있다. 그가 주장하는 경영원칙은 지금에 와서는 흔한 요구이지만 1990년대 잭 웰치Jack Welch식 경영방식이 유행하던 때는 파격적이었다.

GE의 잭 웰치는 1980년부터 20년간 가장 뛰어난 경영자로 칭송을 받아왔다. 웰치는 산업에서 1위나 2위가 아니면 철수하고 경영의 효율성 달성을 위해서는 과감한 구조조정과 감원을 단행하는 '칼잡이 경영자'였다. 미국의 노동시장 유연성이 '웰치식 경영'을 가능하게 했다. 하지만 지금 시점에서 보면 웰치는 미국식 자본주의의 많은 문제점을 노출한 경영자였다. 셍게는 이런 경영방식의 문제를 일찍이 간파해서 조직 구성원의 보람과 안녕을 강조하였다. 그러면서 동시에 임직원의 자발적인 학습의 중요성을 지적하고 있다.

노나카 이쿠지로와 타케우치 히로타카竹内弘高는 『지식 창조 기업Knowledge Creating Company』에서 형식지와 암묵지 개념을 중심으로 지식창조 모델(SECI 모델)과 지식창조 5단계인 암묵지, 개념창조, 정당화, 원형창조, 확산을 제시하고 있다. 앞에서도 지적했듯이 1990년대 중반까지는 일본식 경영이 세계적으로 유행했던 시기다. 그러나 다른 일본식 경영에 관한 책들이 문화적인 접근으로 종신고용이나 연공서열식 급여제도와 같은 인사와 조직의 특징을 강조했던 것과 달리 이쿠지로는 지식 창조 모델을 제시해서 일본 기업의 혁신방식을 체계적으로 제시하고 있다. 암묵지가 형식지가 되고 다시 또 암묵지가 창출된다는 식으로 지식의 순환을 통한 지속적인 혁신방안을 찾는다.

로저 마틴Roger Martin의 『디자인 씽킹 바이블The Design of Business』도 유사한 접근을 하고 있다. 혼돈 상태에서 경험법칙을 찾아내서 표준화된 대기업이 되는 방식을 제시하고 있다. 창의적인 사고를 하려면 분석과 직관(귀추논리)의 균형을 유지해야 한다. 기업은 항상 활용과 탐색이라는 두 가지 활동을 추구해야 한다는 것이다. 특히 디자인 씽킹은 많은 기업에서 실무적으로 채택되었다. 그런 점에서 마틴의 공헌이 매우 크다. 이쿠지로와 마틴의 책은 비슷한데, 특히 마틴은 MBA 교육이 빠지기 쉬운 함정인 분석과 검증의 함정에서 벗어날 것을 강력히 제시하고 있다. 혁신은 창의적인 사고에서 나오기 때문에 데이터나 분석과 검증이라는 계량적이고 실증적인 방식에만 의존해서는 한계가 있다는 것이다. 중요한 지적이다. 21세기 기업 성공의 비결은 지식 기반의 핵심역량이다. 이쿠지로와 마틴은 기업의 지식창출 프로세스를 구체적으로 제시하고 있다.

• 질문 5. 기업 구조를 어떻게 만들어야 하고 경영자의 역할은 무엇인가?

피터 드러커의 『경영의 실제』는 포드, IBM, 시어스 등의 미국 대기업 연구를 통해 경영이란 무엇이고 경영자가 하는 일이 무엇인지를 명쾌하게 제시하고 있다. 또한 기업 경영에 대한 통합적 접근의 틀을 제시하고 있다. 1954년에 나온 책이지만 이미 고객중심주의와 기업의 사회적 책임을 주장할 만큼 미래를 보는 시야가 넓고 깊은 통찰력이 있다. 드러커는 1939년부터 60년이 넘게 저술 활동을 했고 실무 경험도 많이 했다. 그는 미국에 건너온 후에 GM이나 IBM 같은 대기업을 직접 관찰하고 연구해서 경영관리를 체계화한 선구자였다. 그의 위대함은 매우 폭넓게 여러 학문을 넘나들었으며, 특히 사회 변화를 예리하게 분석해 경영학을 학제적으로 그리고 종합적으로 정리한 데 있다.

로버트 S. 캐플런Robert S. Kaplan과 데이비드 P. 노튼David P. Norton은 『균형성과관리지표Balanced Scorecard』에서 전략을 성과지표와 연결해 구체화하는 틀을 제시하고 있다. 학습, 경영 프로세스, 고객 가치와 재무적 성과를 연결해서 전략수립과 실행 방법론을 구체적으로 제시해서 경영자가 실무적으로 활용하도록 기법을 제시하고 있다.

미국식 자본주의와 경영의 특징과 한계는 무엇인가

기업은 사회의 축소판이기 때문에 기업에 대한 시각은 다양할 수

밖에 없다. 특히 기업의 여러 이해관계자마다 각자 입장에 따라 기업을 보는 눈이 다를 것이다. 근로자가 보는 시각, 주주가 보는 시각, 경영자가 보는 시각이 다르다. 미국의 경영학은 주주나 사원이 아니라 전문경영자의 입장에서 기업을 어떻게 운영할 것인가를 보는 시각이 우세하다. 그러나 대주주가 직접 경영을 하는 가족기업 경영자의 시각은 다를 수 있다.

어떻게 보면 기업에 대한 설명도 '장님이 코끼리를 만지고 설명하는' 것과 비슷할 수 있다. 매우 다양한 이해관계자와 시각이 있기 때문이다. 특히 대기업이 경제의 주도적인 위치에 있거나 한 기업이 가진 자원과 지식이 웬만한 크기의 국가보다 더 많을 때는 사회적 역할이 매우 커지게 된다. 그리고 한 기업 내에서 자원 배분이 어떻게 이루어지고 또한 권력이 어떻게 배분되는지가 매우 중요하다. 그래서 기업의 지배구조corporate governance가 중요한 연구 분야가 된다.

이 책에서 소개하는 12권의 책은 미국식 자본주의의 특징인 자유 시장경제를 배경으로 한다는 한계가 있다. 미국식 자본주의는 노동시장의 유연성, 주식시장의 주도적 역할, 소유와 경영의 분리를 특징으로 한다. 따라서 이런 특징을 공유하지 않는 서유럽, 아시아, 다른 개발도상국의 기업을 공부할 때는 항상 미국식 시장경제와 기업 경영의 특이성을 염두에 두어야 한다.

목차

서문
반드시 알아야 할 경영의 본질을 다룬다 • 4

이 책을 위한 안내
경영 고전에서 경영학의 핵심을 배운다 • 9

1권 경영의 실제 • 45
경영자의 직무와 역할은 무엇인가

1. 저자
피터 드러커 • 47

2. 핵심
경영자의 직무는 일을 하도록 지시하는 것이다 • 53
전설적 기업도 탁월한 경영자가 없으면 망한다 • 54
기업의 존재 이유는 돈이 아니라 고객 창조이다 • 56
당신의 사업이 무엇인지 재정의하라 • 59
포드는 원맨 경영으로 성공했고 실패했다 • 61
어떻게 근로자를 관리해야 하는가 • 64
높은 생산성은 어디서 오는가 • 66

3. Q&A
왜 최초의 경영학 책인가 • 68
경영자의 직무는 무엇인가 • 68
기업과 조직이란 무엇인가 • 69

2권 경쟁전략 • 71
어떻게 산업과 경쟁자를 분석할 것인가

1. 저자
마이클 포터 • 73

2. 핵심
어떻게 독점과 유사한 상황을 만들 것인가 • 76
    5가지 산업경쟁요인 모델 제안 • 77

어떻게 경쟁자를 막는 진입장벽을 세울 것인가 • 79
    신규 진입자의 진입장벽 • 79

본원적 경쟁전략 3가지 유형은 무엇인가 • 82
어떻게 탁월한 성과를 지속 창출할 것인가 • 84
전략이란 '무엇을 하지 않을까?'의 선택이다 • 87

3. Q&A
5가지 산업경쟁요인 모델은 분석도구인가 • 89
기업의 핵심역량은 무엇인가 • 90
전략계획은 여전히 유효한가 • 90

3권 성공하는 기업들의 8가지 습관 • 93
어떻게 지속 성공하는 기업을 만들 것인가

1. 저자
짐 콜린스와 제리 포라스 • 95

2. 핵심
비전기업은 비교기업과 무엇이 다른가 • 97
성공 지속 기업을 만드는 요소는 무엇인가 • 98
어떻게 핵심을 보존하고 발전을 자극할 것인가 • 102
   1. 핵심 보존 • 102
   2. 발전 자극 • 105
왜 항상 별을 쫓으며 산에 올라야 하는가 • 109

3. Q&A
탁월한 기업들의 법칙이 적용 가능한가 • 111
크고 위험하고 대담한 목표가 가능한가 • 112
왜 경영자를 내부 승진으로 해야 하는가 • 113

4권 시대를 앞서는 미래경쟁전략 • 115
어떻게 미래에 먼저 도착할 핵심역량을 짤 것인가

1. 저자
게리 하멜과 C. K. 프라할라드 • 117

2. 핵심

위대한 기업은 전략적 의도를 갖고 있다	• 120
미래 경쟁은 어떨지 전략 아키텍처를 짜라	• 122
전략적 의도의 연료는 스트레치와 레버리지이다	• 124
어떻게 미래로 가장 빠르게 갈 것인가	• 127
어떤 무기로 어디에서 싸울 것인가	• 131
CJ는 어떻게 엔터테인먼트 사업에서 성공했는가	• 132

3. Q&A

왜 기업의 내부 경쟁우위와 핵심역량이 중요한가	• 134
왜 1990년대 초반에 핵심역량 개념이 중요해졌는가	• 135

5권 블루오션 전략 • 137
어떻게 자신만이 유일한 공급자인 시장을 만들 것인가

1. 저자
김위찬과 르네 마보안 • 139

2. 핵심

자신만이 유일한 공급자인 시장을 만들어서 즐겨라	• 142
태양의서커스는 경쟁을 멈춰 역으로 경쟁자를 이겼다	• 144
블루오션은 새로운 시장 공간으로의 전략적 이동이다	• 146
어떻게 블루오션 전략을 체계적으로 수립할 것인가	• 147
원칙 1: 시장경계선을 재구축하라	• 148
원칙 2: 큰 그림에 포커스하라	• 154
원칙 3: 비고객을 찾아라	• 155
원칙 4: 정확한 전략적 시퀀스를 만들어라	• 157

3. Q&A
경쟁전략과 블루오션 전략의 차이점은 무엇인가 • 160
실제로 시장에서 경쟁을 무의미하게 만들 수 있는가 • 161

6권 혁신기업의 딜레마 • 163
어떻게 성공요인은 장기적으로 실패요인이 되는가

1. 저자
클레이튼 크리스텐슨 • 165

2. 핵심
성공요인이 장기적으로는 실패요인이다 • 167
파괴적 혁신은 파괴적 기술로 나타난다 • 169
어떻게 스마트폰은 디지털 카메라를 이겼는가 • 171
모든 산업에 '파괴적 혁신' 이론이 적용된다 • 173
어떻게 조직을 설계해야 혁신이 가능한가 • 175

    1. 본사에서 멀리 떨어진 곳에 별도 조직을 구축하라 • 175
    2. 완벽한 계획보다 우선 실행하라 • 176
    3. 어설픈 시장 예측은 포기하라 • 177
    4. 파괴적 기술을 원하는 시장을 찾아라 • 179
    5. 성능, 신뢰성, 편리성, 가격의 흐름을 읽어라 • 181

3. Q&A
파괴적 혁신이란 무엇인가 • 182
왜 위대한 기업도 실패하는가 • 182

7권 디자인 씽킹 바이블 · 185
어떻게 분석사고와 직관사고를 다 활용할 것인가

1. 저자
로저 마틴 · 187

2. 핵심
디자인 씽킹이 투자수익률을 높인다 · 189
지식 생산 필터를 이해해야 한다 · 192
탐색과 활용의 차이를 알아야 한다 · 194
블랙베리의 성공도 디자인 씽킹의 결과다 · 196
피앤지의 재기도 디자인 씽킹의 결과다 · 197
이젠 연구개발이 아니라 연결개발이다 · 200
신뢰성에 편향되지 말고 중도를 걸어라 · 202

3. Q&A
귀추논리는 어떻게 하는 것인가 · 204
어떻게 성공적인 비즈니스 모델을 끌어낼 것인가 · 205

8권 디맨드 · 207
어떻게 세상의 수요를 알아차리고 대응할 것인가

1. 저자
에이드리언 슬라이워츠키 · 209

2. 핵심

진정한 수요 창조는 사람을 이해하는 데서 출발한다 • 211

- 1단계: 매력적인 제품을 만든다 • 212
- 2단계: 고객의 고충지도를 바로잡는다 • 214
- 3단계: 완벽한 배경 스토리를 창조한다 • 216
- 4단계: 결정적인 방아쇠를 찾는다 • 219
- 5단계: 가파른 궤도를 구축한다 • 220
- 6단계: 다변화를 추구한다 • 222

3. Q&A

매력적인 제품, 가심비, 가치소비는 같은 개념인가 • 228
배경 스토리가 비즈니스 모델이나 기업 생태계인가 • 229

9권 학습하는 조직 • 233
어떻게 조직과 구성원의 역량을 높일 것인가

1. 저자

피터 센게 • 235

2. 핵심

왜 학습조직이 경영전략의 키워드가 됐는가 • 237
관리 시스템에서 학습조직으로 전환해야 한다 • 239
시스템 사고는 학습조직을 만들기 위한 첫 단추다 • 240
학습조직으로 나아가기 위해 추가할 요소는 무엇인가 • 244
만약 조직이 배라면 리더는 어떤 역할을 해야 하는가 • 247

3. Q&A

인간은 학습에 대한 내재적 동기를 가지고 태어나는가 • 248
왜 시스템 사고가 학습하는 조직의 핵심 개념인가 • 249

10권 지식 창조 기업 · 251
조직 내 지식창조 모델은 어떻게 만들어지는가

1. 저자

노니카 이쿠지로와 타케우치 히로타카 · 253

2. 핵심

일본 기업의 성공요인은 조직적인 지식창조다 · 255
혼다시티는 지식창조 4단계 모델로 만들어졌다 · 257
지식창조 측면에서는 미들업다운 방식이 좋다 · 259
조직 내 지식창조가 되려면 어떤 조직이 필요한가 · 262
조직 내 지식창조는 5단계로 만들어진다 · 263
하이퍼텍스트 조직을 만들어라 · 265

3. Q&A

형식지가 다시 암묵지가 된다는 것은 무엇인가 · 267
지식창조 과정이 다른 형태의 기업에도 적용되는가 · 267
일본식 경영이 서양 기업에도 적용이 가능한가 · 268

11권 균형성과관리지표 · 271
어떻게 미래조직을 위한 성과측정을 할 것인가

1. 저자

로버트 S. 캐플런과 데이비드 P. 노튼 · 273

2. 핵심

왜 기업 경영에 종합적으로 분석하는 지표가 필요한가 • 275
재무 지표만 중시하면 단기 집착과 주주 집착에 빠진다 • 276
균형관리성과지표는 어떤 관점에서 개발됐는가 • 278
   1. 재무 관점 • 279
   2. 고객 관점 • 280
   3. 업무 프로세스 관점 • 282
   4. 학습 및 성장 관점 • 283
균형관리성과지표는 인과관계로 연결되어 있다 • 285

3. Q&A

업무 프로세스를 측정 지표와 같이 측정할 수 있는가 • 287
균형성과관리지표에 ESG도 추가해야 하지 않는가 • 288

12권 메이커스 · 291
어떻게 새로운 혁명은 제조를 바꿀 것인가

1. 저자
크리스 앤더슨 • 293

2. 핵심
발명가가 기업가가 되는 시대가 왔다 • 296
새로운 산업혁명은 메이커 운동의 산업화다 • 297
책상 위에 놓이면 수많은 쓰임새가 생긴다 • 298
사물의 롱테일 혁명이 시작됐다 • 300
디지털 제조는 전통 제조와 다르다 • 301
고객이 물건을 주문하면 제작한다 • 303

누구나 실력만 있다면 창업할 수 있다 • 304
대기업과 수천 개의 개인기업이 공존한다 • 306

3. Q&A
디지털 혁명 시대에 제조업은 어떻게 될 것인가 • 308
중국에 공장을 두는 것이 계속 유효할 것인가 • 308

1권

경영의 실제

: 경영자의 직무와 역할은 무엇인가

피터 드러커

1. 저자

피터 드러커

아마 이 책을 읽는 독자분 중 피터 드러커Peter Drucker를 모르는 분은 없을 겁니다. 하지만 그의 책을 모두 읽은 분도 없지 않을까요? 논문을 제외하고 출간한 책만 해도 39권이나 되는 것으로 알려져 있으니까요. '경영학의 아버지' '20세기 최고의 미래학자' 등 다양한 수식어가 붙지만 정작 본인은 작가로 불리길 원합니다. 글을 쓰는 것이 본인 평생의 업이며 그러기 위해 기자, 교수, 컨설턴트의 생활을 했다는 거죠.

　사람들은 그를 최고의 경영사상가로 기억합니다. 경영학계의 오스카상이라 불리는 싱커스50thinkers 50은 2001년부터 격년으로 위대한 경영사상가 50인을 1위부터 50위까지 뽑고 있는데요. 한 번만 이름이 올라도 가문의 영광입니다. 그런데 드러커는 2001년과 2003년 두 번이나 1위에 오릅니다. 2005년에 세상을 떠나면서 1위 계보는 마이클 포터, C. K. 프라할라드, 클레이튼 크리스텐슨, 로저 마틴, 김위찬과 르네 마보안으로 이어집니다.

피터 드러커는 1909년에 태어나 2005년 숨을 거둘 때까지 끝없는 창작 의욕을 불태웠습니다. 그 계기는 그의 나이 열여덟 살 무렵인 1927년으로 거슬러 올라갑니다. 빈 김나지움을 졸업하고 함부르크 무역회사에서 무역 일을 배우기 위해 수습사원으로 일할 때입니다. 낮에는 회사에서 일하고 밤에는 함부르크대학교 법과대학에 다니고 있었습니다. 당시 함부르크 지역 학생은 오페라를 거의 무료로 볼 수 있었는데요. 그는 매주 한 편씩 오페라를 감상했답니다. 그러던 어느 날 주세페 베르디Giuseppe Verdi의 오페라 「팔스타프」를 접했는데요. 그는 베르디가 그 곡을 80세에 만들었다는 사실을 알고는 깜짝 놀랐습니다. 더욱이 그 나이에 작곡하면서도 항상 아쉬워하며 더 좋은 작품을 만들겠다고 다짐했다는 것을 알고는 자신도 그런 인생을 살겠다고 결심합니다.

그는 제2차 세계대전 발발 무렵에 저서 『경제인의 종말The End of Economic Man』『산업인의 미래The Future of Industrial Man』를 써서 일약 스타가 됩니다. 『경제인의 종말』에는 '처칠Winston Churchill 같은 리더가 등장해야 한다.'라고 주장한 대목이 나오는데요. 그래서일까요? 처칠이 이 책을 영국의 사관학교 졸업생 전원에게 지급하는 도서 목록에 포함시킨 것으로 유명하죠.

주세페 베르디. 드러커는 베르디가 80세에도 작곡을 하면서 더 좋은 만들겠다고 다짐했다는 것을 알고는 자신도 그런 인생을 살겠다고 결심했다.

『산업인의 미래』는 커다란 조직의 관리, 구조, 거대 기업의 지위 등에 대해 이야기했는데요. 1943년에 GM의 프랭크 도널드슨 브라운Frank Donaldson Brown 부회장이 읽고는 자기네 회사의 정책과 구조를 연구해달라고 요청했습니다. 드러커는 속으로 쾌재를 불렀죠. 사실 그는 그때까지 대기업은 고사하고 중견기업에서조차 일한 적이 없었거든요. 그래서 어떻게든 조사할 수 있는 대기업을 사방팔방으로 찾았지만 안타깝게도 헛수고로 끝나고 말았죠. 그런데 전 세계에서 제일 큰 대기업으로부터 연구해달라는 요청을 받았으니 속으로 엄청나게 기뻐했을 겁니다.

그는 GM에서 1년 반 동안 컨설팅을 합니다. 그리고 그 경험을 녹여 『기업의 개념Concept of the Corporation』을 출간하죠. 기업의 실체가 무엇인지 정의한 건데요. 그는 기업에는 세 가지 주요 요소가 있다고 보았습니다. 첫째, 기업의 성과. 둘째, 종업원 등 내부조직. 셋째, 기업의 사회적 영향과 사회적 책임. 기업에서 성과란 무엇일까요? 손익계산서의 제일 아래쪽에 있는 흑자 또는 적자라는 결과입니다. 그렇지만 이익 창출이 기업의 목적은 아닙니다. 그는 '기업의 목적은 고객 창조다.'라는 멋진 문구를 만들어낸 걸로 유명하죠. 하지만 아무리 고객을 창조해도 적자를 보고 있다면 곤란하죠. 밥을 먹는 것이 우리 인생의 목표는 아니지만 굶으면 아무것도 할 수 없듯이, 돈을 버는 것이 기업의 목적이나 목표는 아니지만 수익을 내야 원하는 활동을 할 수 있겠죠. 그래서 성과가 중요하죠.

그런데 정작 이 책을 의뢰한 GM에서는 환영받지 못합니다. "GM

의 탁월함은 리더인 앨프리드 슬론Alfred Sloan의 역량에 기인한다. 시스템이 아니다. 따라서 슬론 사후에 GM의 향방은 안개 속이다."라고 썼기 때문이죠. 반면 당시 대기업이었던 포드, IBM, 시어스 등은 그 가치를 인정합니다. 그들은 서둘러 드러커와 교류하기를 원하죠.

그는 『기업의 개념』 출간 후 지명도가 올라가 1949년 뉴욕대학교 초대 경영학부장에 취임합니다. 하버드대학교에서도 요청이 있었지만 정중히 거절합니다. 하버드대학교에는 '교수는 한 달에 3일 이상 외부 컨설팅을 해서는 안 된다.'라는 규정이 있었기 때문이죠. 현장, 현실을 목말라했던 드러커에게 연구실에 처박혀 책과 논문과 씨름하라는 것은 있을 수 없는 일이었습니다.

1954년 그의 대표작인 『경영의 실제The Practice of Management』가 탄생합니다. 그는 그 책 출간 후 '경영학의 아버지'라는 칭송을 받기 시작합니다. 그 책의 확장판이 20년 후인 1974년에 『피터 드러커의 매니지먼트: 경영의 과업, 책임, 실제Management: Tasks, Responsibilities, Practices』라는 제목으로 출간되었는데요. 1954년에 나온 책이 경영을 처음 접하는 사람들에게 흥미를 일으키는 것이라면 1974년에 나온 책은 총체적인 참고서 노릇을 하고 있다고 보면 됩니다.

드러커가 90세가 넘었을 때 마침 어느 작가가 그 많은 책 중에서 대표작이 무엇인지 물었습니다. 마치 셰익스피어William Shakespeare가 남긴 36편의 각본에서 대표작으로 4대 비극을 꼽는 것처럼 말이죠. 이전까지는 "다음 작품next book"이라고 웃으면서 말했죠. 마치 베르디가 그랬던 것처럼요. 하지만 90세가 넘었으니 더는 책 쓰기가 어렵지 않겠습니까? 그래서 그는 『기업의 개념』(1946), 『경영의 실제』(1954), 『창조하는 경영자Managing for Results』(1964), 『자기경영노트The Effective Executive』(1966), 『단절의 시대The Age of Discontinuity』(1969), 『기업가정신Innovation and Entrepreneurship』(1985) 총 여섯 권을 꼽았습니다. 여기에서 한 권을 꼽으라면 『경영의 실제』가 아닐까요?

2. 핵심

경영자의 직무는 일을 하도록 지시하는 것이다

드러커는 먼저 경영자의 직무에 관해 이야기합니다. '경영자는 다른 사람들에게 각자의 일을 하도록 지시함으로써 자신의 업무를 완수하는 사람'이라는 겁니다. 자기 스스로 일을 해서는 안 됩니다. 일을 믿고 맡겨야 합니다. 젊은 직원들은 간혹 "우리 회사의 대표이사는 쫀쫀해. 그래서 하는 일이 대리급이야. 대표이사의 줄임말을 대리라고 알고 있나 봐."라고 비아냥거리기도 합니다. 왜 그런 소리가 나왔는지 한 번쯤 생각해봐야 합니다.

드러커는 당시 대기업과의 교류 경험을 바탕으로 비즈니스를 경영하는 법, 매니저를 관리하는 법, 작업 및 근로자를 관리하는 법에 관해 이야기합니다.

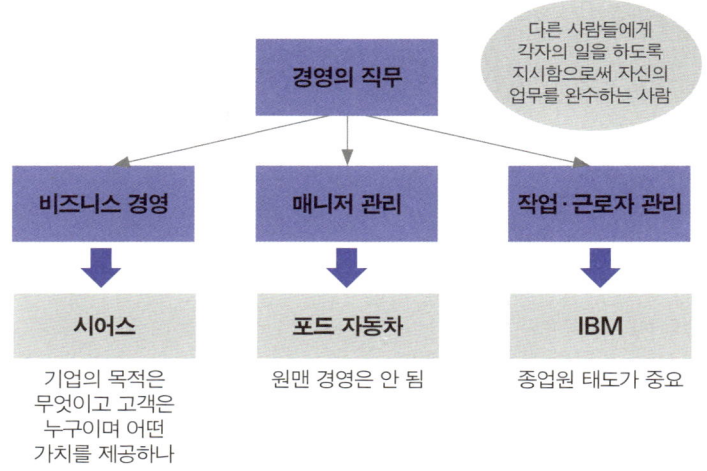

전설적 기업도 탁월한 경영자가 없으면 망한다

시어스Sears라고 들어보셨나요? 1886년에 탄생한 미국의 전설적인 유통업체인데요. 안타깝게도 2018년에 파산했습니다. 그래서 지금은 잘 모를 수도 있습니다. 하지만 1950년대만 해도 엄청나게 잘 나가던 기업 중의 하나였죠.

이야기는 19세기 말 줄리어스 로젠월드Julius Rosenwald라는 탁월한 CEO가 시어스를 경영하던 때로 거슬러 올라갑니다. 로젠월드의 눈에는 농부 계층이 하나의 거대시장으로 형성되는 것이 보였습니다. 비록 그들이 구매력은 낮았지만 인구가 엄청나게 많았기에 상당한 시장이 되리라 확신했죠. 그들에게 접근할 수 있는 새로운 유통채널이 필요하다는 걸 깨닫고 우편 주문 카탈로그 책자를

줄리어스 로젠월드와 로버트 우드

만들어서 뿌립니다. 당시 『성경』과 더불어 농장에 있는 유일한 책이란 말을 할 정도였죠. 최초로 환불 정책도 만들었는데요. 그전까지는 거래의 리스크가 구매자에게 있었어요. 한번 팔면 끝이었죠. 그러니 구매를 조심스레 할 수밖에 없었죠. 시어스는 구매한 뒤 마음에 들지 않으면 얼마든지 반품할 수 있도록 거래 구조를 바꿉니다. 긴가민가하던 농부들이 구매하기 시작했고 반품이 쉽게 이루어지자 비싼 물건도 거침없이 삽니다. 그만큼 시어스의 매출액도 늘어갑니다.

1920년대 중반 로젠월드의 뒤를 이어 지휘봉을 잡은 로버트 우드Robert Wood도 시장의 변화를 감지하는데요. 자동차의 등장으로 농부들이 도시에 나가서 쇼핑을 할 수 있게 된 것이죠. 그는 농부들이 도시 중산층과 비슷한 라이프스타일을 원한다는 것을 파악하고 점포를 열게 됩니다. 점포를 여니 책임지는 점장이 필요해졌죠. 그래서 1930년부터 매니저 양성manager development을 시작합니다.

이런 인물들이 계속 시어스를 이끌었다면 지금도 승승장구하고 있을 텐데요. 그 이후엔 이 정도의 안목을 지닌 경영자가 등장하지 않았어요. 결국 2018년 역사의 뒤안길로 사라집니다. 아무리 좋은 기업도 경영을 제대로 못 하면 망하고 마는 거죠.

기업의 존재 이유는 돈이 아니라 고객 창조이다

『경영의 실제』의 원서 제목은 '더 프랙티스 오브 매니지먼트The practice of management'입니다. 제목에 매니지먼트란 단어가 들어가는데요. 매지니먼트, 도대체 무엇일까요? 드러커는 '조직의 성과를 끌어올리는 것'이라고 말합니다. 기업에서 조직의 성과란 돈을 많이 버는 것일까요? 이 문제에 답하기 위해 먼저 '그 조직의 존재 이유raison d'etre'를 생각해봐야 합니다.

세상에는 군대, 병원, 학교, 교회 등 다양한 조직이 있습니다. 그들은 각각 존재하는 이유가 있습니다. 그리고 그 존재 이유를 충실히 수행할수록 높은 성과를 내는 것이죠. 군대라면 '적으로부터 얼마나 국가를 잘 지키는가?' 병원이라면 '얼마나 아픈 사람을 잘 돌보는가?'처럼 말이죠.

그렇다면 기업이라는 조직의 존재 이유는 무엇일까요? 돈을 버는 것일까요? 좀 이상하죠? 나라를 지키거나 환자를 돌보는 것에 해당하는 것이 존재 이유여야 하지 않을까요? 드러커는 기업의 존재 이유를 '고객 창조'라고 봅니다. 1970년대 중반인 1976년에 화학 비료와 농약으로 생명이 파괴되는 것을 보고 제대로 된 유기농 농장을 만들어보자는 신념 아래 탄생한 기업이 풀무원농장입니다. 당시 우리나라 국민 대부분의 삶은 고단했지만 그 와중에도 유기농 먹거리를 원했던 사람들이 있었던 거죠. 마땅한 유기농 먹거리가 없었던 시절에 풀무원이 등장하니 고마운 마음을 갖고 구매하는 사람들이 있었습니다. 드러커의 설명에 대입해보면 '유기농 먹거리를 먹고 싶다'는 니즈가 되며 '유기농 먹거리가 먹고 싶어 돈을 주고 구매했다'는 니즈를 유효수요effective demand로 전환한 것이 됩니다.

돈을 주고 구매한 사람을 '고객'이라고 부릅니다. 따라서 '고객 창조'는 '니즈를 유효수요로 전환했다.'라는 어려운 말을 쉬운 말로 설명한 것이죠. 기업의 존재 이유가 고객 창조이니 조직의 성과란 고객을 잘(많이, 빨리, 오래 등등) 창조하는 것이겠죠. 이익인가 손해인가, 돈을 남기는가 못 남기는가는 그다음의 문제라는 말입니다. 고객이 가장 중요합니다. 따라서 고객이 누구이고 어디에 있고 무엇을 구매하고 중요하게 여기는 가치는 무엇인지를 하나하나 정의해보라고 이야기합니다.

고객 창조는 사실 마케팅 용어죠. 마케팅의 존재 이유이기도 하죠. 마케팅! 하면 마케팅의 아버지 필립 코틀러Philip Kotler가 떠오르지 않으세요? 실제 1971년 드러커가 필립 코틀러를 초청합니다. 당시 드러커는 62세였고 코틀러는 40세였는데요. 두 석학은 비즈니스, 비영리non-profit, 일본 미술 등 다양한 주제에 관해 이야기를 나누었습니다. 코틀러는 그날의 만남이야말로 그 누구와의 만남보다도 흥분된 순간이었다고 회고하는데요. 그 후 코틀러는 "사람들은 날 보고 마케팅의 아버지라고 부릅니다. 그게 맞는다면 드러커는 마케팅의 할아버지입니다."라고 이야기했다는군요.

기업의 존재 의의가 고객 창조이면 기업의 주요 기능은 마케팅과 혁신입니다. 기업이 할 일은 '만들면 팔리는 것'이 아니라 '고객이 원하는 것이 무엇인지를 파악하고 만드는 것'이라는 거죠. GE에서는 이미 1952년에 마케팅 담당자가 제품 기획 단계부터 참여하는 것이 일반화되었습니다. 혁신은 좁게는 더 싸게, 더 빨리, 더 좋게 등 생산성 향상이고 넓게는 새로운 욕구의 창출까지 포함합니다. 대표적인 예가 음식이 얼어붙는 것을 막도록 에스키모에게 냉장고를 판매한 것입니다. 즉 '마케팅은 기존 욕구를 충족시키는 것이고 혁신은 잠재된 욕구를 충족시키는 것'이라고 이해하면 됩니다. 특히 사회적 니즈와 사회 문제에서 새로운 사업 기회를 찾으라고 주장했는데요. 오늘날 마이클 포터의 공유가치창출CSV, Creating Shared Value, 즉 경제적 이익과 사회적 이익을 동시에 추구하자는 데까지 연결됩니다.

당신의 사업이 무엇인지 재정의하라

이제 기업의 존재 의의가 고객 창조이고 그러기 위한 두 가지 수단이 마케팅과 혁신이라는 것은 이해되시죠. 그런데 그 이전에요. 사업이 무엇인지에 대해서도 답할 수 있어야 합니다. '사업의 정의'를 말하는 것입니다. 드러커가 캔 용기 제조회사를 컨설팅할 때의 일입니다. 드러커는 늘 그렇듯 무슨 사업을 하는지 물었고 사장은 당연히 캔을 제조한다고 말했죠. 드러커는 "혹시 포장 용기를 제조하는 것은 아닌가요?"라고 다시 물었는데요. 그 한마디가 캔 용기 제조회사를 비약적으로 발전시키는 밑거름이 되었다고 합니다. 사업에 대한 '확대 재정의'와 '새로운 해석'이 신사업을 창출한 것이죠.

드러커는 이 대목을 좀 더 발전시켜 다섯 가지 질문을 최소 3년 주기로 스스로에게 물어보라고 합니다. 첫째, 우리의 사업은 무엇인가? 둘째, 우리의 고객은 누구인가? 셋째, 그 고객이 원하는 가치는 무엇인가? 넷째, 우리의 사업은 어떻게 될 것인가? 다섯째, 우리의 사업은 무엇이어야 하는가? 후세의 연구가들은 이를 '드러커의 위대한 다섯 가지 질문'으로 정리합니다.

자, 당신이 두부 회사 사장님이라 가정해봅시다. 두부를 만들 때 부산물로 비지가 나옵니다. 우리가 사 먹는 비지는 별도로 고급스럽게 만듭니다. 예전 가난하던 시절엔 이걸로 비지찌개를 만들어 먹었죠. 지금은 소 사료로 쓰이는데요. 수요보다 공급이 많아서 웃돈을 주고 가져가 달라고 할 정도입니다. 당신은 신사업이 뭐가 있을까 고민하다가 '고양이 모래'를 발견했습니다. 고양이는 깔끔한 탓에 아무 데서나 볼일을 보지 않습니다. 모래 위에서 일을 보고 자기 발로 쓸어 덮어버리죠. 이 모래의 대용품을 비지로 만들 수 있다는 걸 간파합니다. 이 신사업의 미션은 무엇일까요? '두부 부산물로 돈을 벌겠다!'라고 하면 안 됩니다. '비지로 고양이 모래를 만들어 고양이가 볼일도 쉽게 보고 두부 부산물인 비지가 환경오염을 일으키지 않도록 하겠다!'가 사업의 미션입니다. 그럼 고객은 환경보호에 민감한 층이 되겠고요. 그들에게 제공하는 가치는 '여러분은 고양이를 기르면서도 환경을 보호하려는 아름다운 마음을 갖고 있다.'가 되겠죠. 성과는 시장점유율도 있겠지만 고양이 애호가 사이에서의 인지도와 호감도가 좋겠고요. 일정 계획이라고 하면 매출보다는 구매자 기준으로 초년도에는 몇 명, 고객 이탈률 몇 퍼센트 이하로 잡으면 좋겠습니다. 이미 원재료는 있고 비지를 고양이 모래로 만드는 기계도 그다지 비싸지 않기 때문에 가격이나 원가에서 밀릴 리가 없습니다.

어떤 멋진 콘셉트로 시장에 뛰어드느냐가 중요한데요. 드러커의 5가지 질문에 대한 답을 찾으면 멋진 콘셉트도 도출되게 마련입니다.

드러커는 수익은 결과이기는 하지만 절대 손을 놓아서는 안 된다고 말합니다. 기업이 적절한 수익을 내지 못하면 사회는 고스란히 그 손실을 떠안아야 하고, 기업이 혁신을 못 하고 성장을 못 하면 그로 인한 궁핍은 고스란히 지역사회 주민의 몫이 된다는 것이죠.

미션
'왜, 그리고 무엇을 위해 존재하는가?'

고객
'반드시 만족시켜야 할 대상은 누구인가?'

고객가치
'그들은 무엇을 가치 있게 생각하는가?'

결과
'어떤 결과가 필요하며, 그것은 무엇을 의미하는가?'

계획
'앞으로 무엇을 어떻게 할 것인가?'

포드는 원맨 경영으로 성공했고 실패했다

자, 이제 포드로 넘어가 보죠. 매니저, 즉 팀장급을 어떻게 관리해야 할지에 관한 이야기와 아울러 최고경영진에 관해서도 이야기하려고 합니다. 여기서 포드 사례는 반면교사로 쓰이죠. 1920년대 초만 해도 포드의 시장점유율은 67%에 달했습니다. 그런데 1940년에는 시장점유율이 20%로 떨어집니다. 그 사이에 어느 한 해도 이익을 내지 못했다는 놀라운 사실과 말이죠. 창업자 헨리 포드 Henry Ford는 원맨one man 경영을 추구했습니다. '관리자는 필요 없

헨리 포드와 동업자 제임스 쿠젠스

다. 내가 원하는 것은 기술자뿐이다. 경영은 내가 알아서 다 한다.' 심지어 포드 자동차가 운영하는 제철소의 최고책임자도 자기가 구입하는 석탄 가격을 몰랐다고 합니다. 원가도 모르는데 경영이 가능할까요? 참으로 한심한 형국이었죠.

포드 임직원들은 포드가 은퇴하고 그의 아들인 에드셀 포드Edsel Ford가 하루라도 빨리 회사를 물려받길 내심 바랐죠. 그런데 무슨 운명의 장난인지 에드셀 포드는 49세란 젊은 나이에 암으로 세상으로 떠납니다(헨리 포드보다 3년 먼저 사망합니다). 당시 창업자의 손자인 헨리 포드 2세Henry Ford II는 군대에 있었는데요. 부랴부랴 제대해서 회사에 합류합니다. 그리고 제2차 세계대전 직후 어니스트 브리치Ernest Breech를 부사장으로 임명합니다. 10년이 지난 1955년부터는 실적이 회복됩니다.

헨리 포드의 아들 에드셀 포드와 손자 헨리 포드 2세

여기서 궁금한 게 있습니다. 그럼 1920년대 초에는 어떻게 시장 점유율 67%라는 탁월한 성과를 낼 수 있었을까요? 그땐 원맨 경영을 하지 않은 걸까요? 그렇습니다. 그땐 원맨 경영을 하지 않았습니다. 제임스 쿠젠스James Couzens란 걸출한 인물이 포드와 함께 있었습니다. 사실 포드자동차는 네 명이 출범시켰는데요. 그중에 포드와 쿠젠스가 있었지요. 나머지 두 명은 일찍 사망하거나 조직을 떠났습니다. 그러다 보니 초창기 포드자동차는 포드와 쿠젠스 두 명이 이끄는 체제로 운영되었습니다. 쿠젠스는 1919년에 지분을 포드에게 넘기고 디트로이트 시장과 상원의원 등 정치가의 길을 걷습니다. 포드의 의사결정에 브레이크를 걸 수 있는 유일한 사람이 사라진 거죠. 어차피 최종 의사결정은 CEO의 몫입니다. 하지만 주변에 예스맨만 있는가, 아니면 충심으로 회사를 생각하는 사람이 있는가에 따라 다른 의사결정이 내려집니다. 포드 주변에는 창업자를 두려워하는 사람들밖에 없었죠.

어떻게 근로자를 관리해야 하는가

이번엔 IBM 이야기입니다. 작업자 또는 근로자를 어떻게 관리해야 할지 살펴보죠. 토머스 왓슨Thomas J. Watson 사장은 어느 날 한 여공이 기계 앞에 한가로이 앉아 있는 것을 목격합니다. 왜 일을 하지 않냐고 묻자 다음과 같이 대답합니다. "저는 기계공을 기다리고 있어요. 그가 와서 새로운 작업을 할 수 있도록 공구를 재조정해야 하니까요." 왓슨은 부아가 치밀었지만 참고 되물었죠. "직접 하면 안 되나요?" 그녀의 대답은 예상 밖이었습니다. "물론 할 수 있죠. 그런데 제가 해서는 안 되는 일이잖아요."

왓슨은 즉시 상황을 파악해보았습니다. 각 작업자가 기계공을 기다리느라 매주 몇 시간씩 낭비한다는 것을 알게 되었습니다. 해결 방법은 간단했습니다. 며칠만 훈련하면 작업자가 자신의 기계를 재조정하는 방법을 배울 수 있으니까요. 그리하여 기계 재조정 작업은 작업자의 직무에 추가되었습니다. 이를 직무확대job enlargement라고 하는데요. 생산량과 품질 향상에서 예상하지 않았던 개선 효과를 가져왔습니다. 업무의 범위가 넓어질수록 자율성이 높아지면서 업무 몰입도가 높아집니다.

토머스 J. 왓슨

높은 생산성은 어디서 오는가

근로자에게 일을 완수하지 못하면 총살하겠다고 위협한다고 되는 것이 아닙니다. 스스로 일하도록 동기부여를 해야 합니다. 유럽의 기술자와 경영자 팀은 마셜 플랜의 지원을 받아 '왜 미국 기업의 생산성이 높은가?'를 연구했는데요. 그들이 미국에 가서 연구하고 쓴 보고서 내용이 흥미롭습니다. 그들은 처음에는 기계, 도구, 경영 기법 등에서 원인을 찾으리라 기대했는데 곧 그런 것들은 별 관계가 없다는 것을 알게 됩니다. 진짜 원인은 경영자와 근로자의 일에 대한 기본적인 태도였죠. "생산성은 태도의 문제다Productivity is an attitude."라는 것이 만장일치로 내린 결론입니다.

*

내용이 탁월함에도 불구하고 번역에서 아쉬움이 남습니다. 드러커는 최고경영층은 매니지먼트management로, 팀장이나 공장의 직반장급은 매니저manager로 불렀는데요. 우리말 번역서에는 매니저가 모두 경영자로 번역되었습니다. 그래서 이해할 수 없는 대목이 종종 등장합니다. 공장의 직반장급이 할 일이 경영자가 할 일로 묘사되었기 때문입니다. 가능한 원전을 읽으시길 권합니다.

또 한 가지 더. 「서문」에서 그가 말한 '경영자의 직무the job of management'도 유의 깊게 살펴야 합니다. CEO란 '다른 사람들에게 각자의 일을 하도록 지시함으로써 자신의 업무를 완수하는 사람'이라고 말합니다. 일을 시키는 사람이지, 일을 맡아서 하는 사람이 아니라는 겁니다. 조금 마음에 안 들더라도 받아들이고 권한을 위양하면서 조직을 이끌어야 한다는 의미입니다.

3. Q&A

왜 최초의 경영학 책인가

정구현 저자가 이 책의 서문을 1985년에 새로 쓰면서 "진정한 의미의 최초의 경영학 책이다."라고 주장하고 있습니다. 이 책의 어떤 내용이 그런 주장을 뒷받침한다고 생각하세요?

신현암 프레더릭 테일러의 『과학적 관리법』을 최초의 경영학 책이라고 생각할 수도 있습니다. 그런데 이 책은 '경영'이라기보다는 '공장관리'를 다루는 수준이죠. 프레더릭 허즈버그Frederick Herzberg의 『허즈버그의 직무동기 이론Motivation to Work』도 종업원의 동기 정도를 다룹니다. 반면 이 책은 비즈니스를 경영하는 법, 매니저를 관리하는 법, 근로자와 그의 업무를 관리하는 법을 다 설명합니다. 그래서 최초의 경영학 책이라고 말합니다.

경영자의 직무는 무엇인가

정구현 이 책에서는 기업을 조직으로 보고 접근했고 목표관리management by objectives, 기업문화, 사회적 책임과 같은 개념을 소개하고 있는데요. 이 책의 독특한 기여가 무엇이라고 보세요?

신현암 새로운 개념이 많이 소개되어 있습니다. 무엇보다도 경제

발전의 핵심인 '경영자의 직무'에 대한 원칙을 제시한 점이 독특합니다. "경영자는 스스로 일하는 사람이 아니다. 다른 사람이 열심히 일할 수 있는 환경을 만들어 성과를 높이는 사람이다."라는 원칙은 두고두고 곱씹어볼 만합니다.

기업과 조직이란 무엇인가

정구현 1920년경부터 대기업이 제조업 시장을 지배하기 시작했는데요. 그러면서 기업과 조직이 어떻게 돌아가는지가 매우 중요해졌죠. 기업이 어떻게 고객의 욕구를 충족시키는지, 어떻게 효율성을 달성하는지, 어떻게 혁신하는지, 조직 내 권력관계는 어떻게 형성되는지 등등. 이 책에서도 시어스, 포드자동차, IBM 같은 당시 대표적인 대기업을 분석하고 있습니다. 이렇게 중요한 기업에 대한 이론이 제대로 대접을 못 받는 이유가 무엇일까요?

신현암 사실 경영학에는 중요한 이론이 많은데 상대적으로 덜 알려져 있죠. 이 책을 발간한 이유이기도 합니다. 독자들이 이 책에 소개된 이론부터 하나둘 이해하기 시작한다면 기업에 대한 이론들도 제대로 대접을 받을 것이라고 봅니다.

2권

경쟁전략

: 어떻게 산업과 경쟁자를 분석할 것인가

마이클 포터

1. 저자

마이클 포터

마이클 포터Michael Porter를 흔히 경영전략의 황제라고 부릅니다. 그런데 그보다 앞서 경영전략이란 분야를 개척했던 선배들이 있습니다. 그 선배들이 길을 닦아준 덕분에 경영전략이란 분야가 빛을 본 것이죠.

'전략'이란 용어가 경영학계에 도입된 것은 1960년을 전후해서입니다. 최초로 전략이란 단어를 쓴 사람은 알프레드 챈들러 Alfred Chandler인데요. 그는 1962년에 저서 『전략과 구조Strategy and Structure』를 출간합니다. "조직구조는 전략을 따른다."라는 말로도 유명하죠. 두 번째로 전략이란 단어를 쓴 사람은 이고르 앤소프입니다. 경영학을 전공하신 분들은 '앤소프 매트릭스'라고 들어보셨

이고르 앤소프와 케네스 앤드루스

을 텐데요. 바로 그 앤소프입니다. 그는 1965년에 저서 『기업전략 Corporate Strategy』을 출간합니다. 세 번째로 전략이란 단어를 쓴 사람은 케네스 앤드루스Kenneth Andrews입니다. 스왓SWOT 모델 아시죠? 내부적 요인을 강점과 약점으로 나누고 외부적 요인을 기회와 위협으로 나눠서 분석하는 틀이죠. 스왓SWOT 모델을 만들 때 결정적으로 기여한 사람이라는 정도로 기억하면 되겠습니다.

포터는 하버드대학교에서 MBA 코스를 밟을 때 앤드루스 교수의 경영정책 수업에 빠져듭니다. 하지만 앤드루스 교수의 주장 중 '전략은 예술art이다.'라는 대목에는 반기를 듭니다. 포터는 '전략은 예술이 아니다. 제대로 된 틀만 있으면 정형화된 분석이 가능하다.'라고 생각한 거죠. 그래서일까요? MBA를 마친 포터는 경영학과가 아니라 경제학과 박사과정으로 진학합니다. 그리고 비즈니스 경제학 분야에서 학위를 받습니다. '비즈니스나 전략을 공부하는 것보다 학술적이고 엄밀한 분석력을 키우는 편이 낫다.'라는 본인의 생각대로 행동한 거죠.

그런데 교편은 경영학과에서 잡습니다. 기존 경영학 교수들 입장에선 눈엣가시였겠죠. 1979년 부교수 승진 심사 때 심사위원 거의 전원이 반대표를 던지는데요. 이에 놀란 차기 학장이 1년간 유예기간을 주자고 제안하죠. 그리고 포터는 1980년에 『경쟁전략 Competitive Strategy』을 발간합니다. 이 책을 통해 경영전략 분야의 스타로 부상했죠. 하버드대학교 내에서 더는 그를 건드릴 사람이 없게 됩니다. 1985년에는 후속작 『경쟁우위 Competitive Advantage』를 발간합니다. 전략의 황제로서 위상을 더욱 굳건히 합니다. 그래서 1980년대를 포터의 시대라고 말합니다.

2. 핵심

어떻게 독점과 유사한 상황을 만들 것인가

포터의 이론은 경제학 박사 출신답게 미시경제학에 뿌리를 둡니다. 미시경제학 중 '산업조직론' 분야에 독점 관련 이론이 있는데요. '어떻게 독점이나 카르텔에 의해 초과이윤이 발생하는가?'를 설명

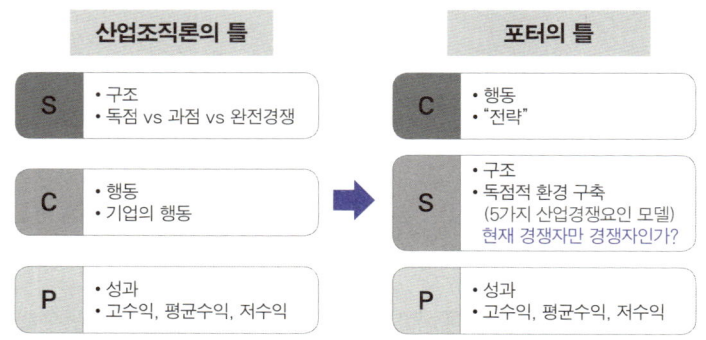

하는 이론입니다. 학자들은 이러한 이론을 '구조S – 행동C – 성과P 패러다임'이라고 합니다. 기업이 특정 산업구조Structure 내에서 어떻게 행동해야Conduct 좋은 성과Performance를 낼 수 있는지를 분석한 것이죠.

포터는 달리 생각합니다. 즉 이론을 거꾸로 연구하면 '어떻게 해야 독점금지법에 저촉되지 않으면서 독점과 유사한 상황을 만들 수 있을까?'가 되겠죠. 기업으로선 독점과 유사한 산업환경을 만들면 높은 경영 성과를 창출하지 않겠습니까? 윈도 3.0 시절 마이크로소프트와 인텔이 떼돈을 번 것이나 비아그라가 처음 나왔을 때 화이자가 돈을 긁어모은 것처럼 말이죠.

5가지 산업경쟁요인 모델 제안

독점과 유사한 산업환경이라고 하니 좀 막연하죠. 세분화하면 좋겠죠. 그래서 포터는 산업환경을 5개 분야로 분류해서 '5가지 산업경쟁요인 모델Five Forces Model'이라고 이름 붙였습니다. 이 모델의 강점은 현재의 경쟁자, 즉 동종업계 내의 경쟁이라는 좁은 시야에서 벗어나 분석의 범위를 넓혔다는 데 있습니다. 5개 분야에서 힘겨루기를 한다는 의미인데요. ① 동종업계 내 경쟁, ② 공급자와의 교섭력, ③ 구매자와의 교섭력, ④ 신규 진입자의 위협, ⑤ 대체재의 위협을 말합니다.

GS25 편의점의 예를 들어보죠. 동종업계 내에는 CU, 세븐일레븐, 이마트25, 그 외 미니스톱 등 수많은 경쟁자가 있죠. 가격, 로케

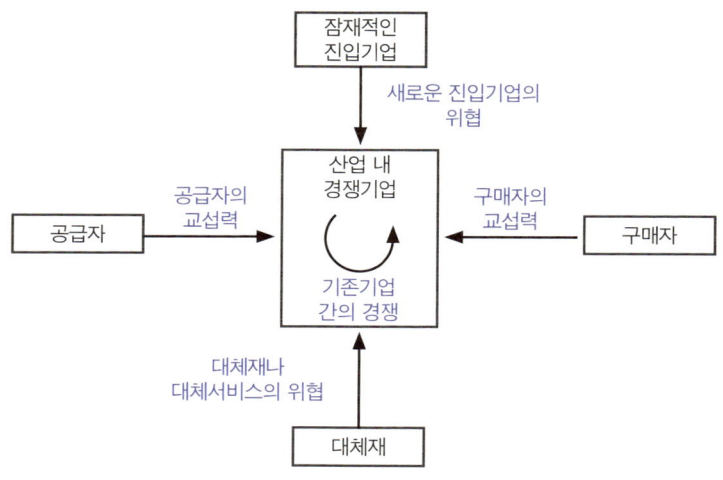

이션, PB상품의 품질 등 다양한 분야에서 경쟁자와 힘겨루기를 하고 있습니다. 공급자와 힘겨루기는 어떨까요? 매장 수가 많다거나 브랜드 파워가 세다는 것이 알려지면 상대적으로 싼값에 물건을 받을 수 있습니다. 공급자와의 교섭력 측면에서 우위를 가질 수 있다는 뜻이죠. 구매와 힘겨루기는 어떨까요? 2017년 GS25 도시락이 대인기를 끌었습니다. 탤런트 김혜자 씨를 모델로 썼을 때인데요. 당시 '혜자스럽다'는 단어가 가성비가 좋다는 뜻의 유행어로 사용될 정도로 큰 인기를 끌었죠. 그 덕분에 구매자와의 교섭력 측면에서 GS25는 유리한 국면으로 사업을 전개할 수 있었습니다. 도시락 사러 온 김에 물도 사고 다른 필요한 것도 사니까요. 신규 진입자의 위협은 어떤가요? "설마 포화 상태인 보이는 편의점 시장에 설마 누가 들어오겠어?"라고 하지만 반드시 그런 것도 아닙니다.

아마존고 같은 무인 편의시설이 조만간 한국에 들어오지 않는다고 장담할 수 없죠. 대체재의 위협은 어떤가요? 올리브영과 같은 드러그스토어Drugstore 쪽에서도 편의점에서 취급할 만한 상품을 서서히 늘려가고 있는데요. 이런 상황을 종합적으로 판단한 다음에 어떤 포지션을 취할지 결정하라는 게 포터의 주장입니다.

어떻게 경쟁자를 막는 진입장벽을 세울 것인가

이 책의 부제는 '산업과 경쟁자 분석 기법Techniques for Analyzing Industries and Competitors'입니다. 어떤 것들이 있을까요? 5가지 산업경쟁 요인 모델 중 신규 진입자의 위협을 분석해보죠. 지금 있는 경쟁자와 싸우기도 버거운데 자꾸 새로운 경쟁자가 들어오면 피곤하겠죠. 마진도 떨어질 것입니다. 신규 진입자가 못 들어오도록 진입장벽을 세워야 합니다. 어떤 진입장벽이 있을까요?

신규 진입자의 진입장벽

① 최적 생산 규모입니다. 샴푸를 만들 때 고정비 등을 고려하면 연간 5,000개를 생산할 때 개당 원가가 가장 낮다고 해보죠. 현재 3개 회사가 각각 5,000개씩 생산하고 있는데 시장 수요는 연 1만 6,000개입니다. 수요가 살짝 많으니 3개 회사는 적당한 이익을 누리고 있겠죠. 여기에 다른 업체가 뛰어들면 어

떻게 될까요? 최적 생산량인 5,000개를 만들면 수요는 1만 6,000개로 그대로인데 공급이 2만 개로 늘어나 생산기업 모두 손해를 보겠죠. 뛰어들 수 없겠죠.

② 제품 차별화입니다. 샴푸 시장에는 이미 나름대로 다양한 콘셉트가 존재합니다. 머리가 빠지지 않는다, 머릿결에 윤이 난다, 비듬이 생기지 않는다 등등 다양한 특성을 강조하고 있는데요. 이미 차별화된 제품이 많이 있는데 여기에 새로운 콘셉트를 도출하기가 쉽지 않겠죠.

③ 소요자본입니다. 반도체 공장 하나 세우려면 조 단위가 들어가는 데 비하면 샴푸 생산공장이야 큰돈이 들어가는 것은 아닙니다. 그래도 자금이 필요한 건 사실이죠. 규모가 크지 않은 업체에는 이 돈도 부담입니다.

④ 교체비용입니다. 멋진 콘셉트의 제품이 나오더라도 고객이 사용하지 않으면 말짱 도루묵입니다. 한 올의 머리카락이 소중한 고객에겐 '탁월한 비듬 제거 효과'라는 용어가 눈에 들어오지 않습니다. 비록 본인의 검정 재킷에 하얗게 눈이 쌓이더라도 말이죠. 더 큰 문제를 해결하기 위해 작은 문제는 눈물을 머금고 포기합니다. 생각만큼 고객은 신제품에 눈길을 주지 않습니다.

⑤ 유통경로에 대한 접근성입니다. 이미 슈퍼마켓의 매대에는 기존 샴푸 제품이 빽빽하게 진열되어 있습니다. 그 공간을 뚫고 들어가는 것도 결코 쉬운 일이 아니죠.

⑥ 원가우위입니다. 기존 기업의 생산공장은 대부분 감가상각이 끝났습니다. 게다가 여러 번 생산해보면 아무래도 잘하지 않겠습니까? 같은 양을 더 적은 비용으로 생산하는 경험곡선도 잘 작동하고 있습니다.

⑦ 정부 정책입니다. 어떻게 정부 정책이 바뀔지, 업계에는 언제 어떤 영향을 미칠지를 기존 기업은 잘 알고 있겠죠.

⑧ 기존 기업의 보복도 생각해야 합니다.

이런 요소들이 신규 진입하려는 기업에는 장벽으로 작동하고 있는데요. 이번엔 기존 기업과의 경쟁을 살펴보겠습니다. 참고로 경쟁이 치열한 정도를 '경쟁 강도가 높다.'라고 말합니다. 첫째, 고만고만한 기업들이 많이 있으면 경쟁 강도가 높습니다. 덩치가 큰 맏형이 있으면 다들 눈치를 보면서 질서가 잡힙니다. 맏형이 없으면 치열하게 싸우겠죠. 둘째, 경쟁기업의 종류가 다양하면 경쟁 강도가 높습니다. 전쟁할 때 상대방이 칼을 쓰는지, 창을 던지는지, 활을 쏘는지에 따라 나의 전략이 달라집니다. 경쟁기업의 종류가 다양하면 상대방이 어떤 무기를 가졌는지 파악하기 힘듭니다. 셋째, 큰 전략적 이해관계가 존재하면 경쟁 강도가 높습니다. 싸우다가 힘들면 적당히 포기해야 하는데요. 상대방이 "나는 다른 시장에서 돈을 충분히 벌고 있어. 이 시장은 그냥 내가 있고 싶어서 있는 거야. 돈은 안 벌어도 돼."라고 하면 정말 경쟁하기 힘듭니다.

이 외에도 산업 성장이 정체되어 있다, 고정비와 재고비가 많이

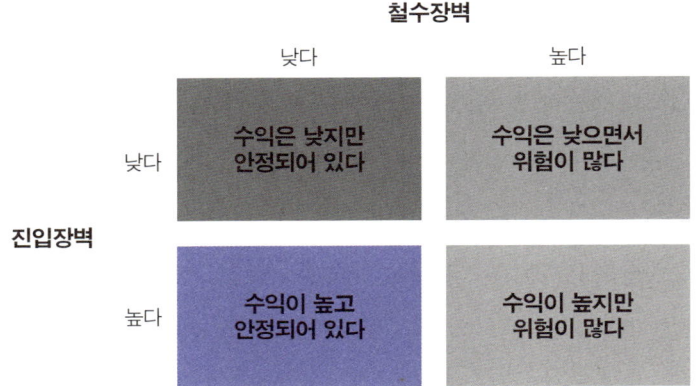

든다, 다른 회사 제품과 차별화가 쉽지 않은데 주력상품을 변경하자니 너무 힘들다 등 다양한 요소들이 시장을 떠나지 못하도록 발목을 잡고 있습니다.

다른 기업이 내가 있는 시장에 들어오지 못하도록 진입장벽을 높이고 경쟁기업이 시장에서 나가기 쉽도록 철수장벽을 낮추는 전략을 취해야 합니다. 이를 매트릭스로 그리면 위의 그림과 같습니다.

본원적 경쟁전략 3가지 유형은 무엇인가

이와 함께 구매자와 공급자의 교섭력과 대체재의 위협 정도를 파악합니다. 그러면 싸움터의 형세와 적군의 역량이 파악됩니다. 상황에 맞춰 본인의 포지션을 취할 수 있게 되죠. 원가우위 cost leader-

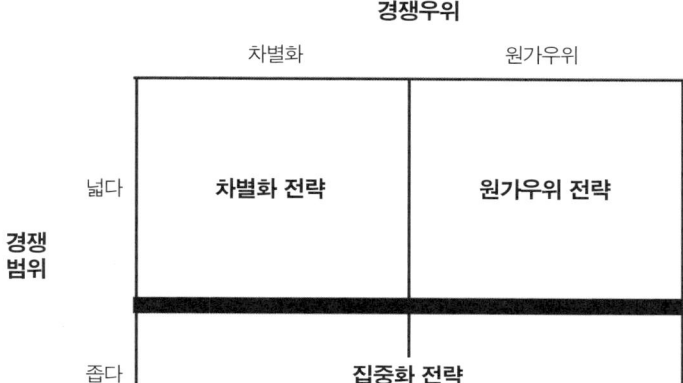

ship 전략을 추구할지, 차별화differentiation 전략을 추구할지, 싸움터를 최대한 좁게 정의해서 집중화focus 전략을 추구할지 말이죠. 이 3가지 전략 중 하나의 포지션을 취하는 것입니다. 바로 포터가 말하는 경쟁전략입니다.

포드 T형 자동차를 들어보셨나요? 대량생산, 대량판매의 최초 신화를 일군 사례로 원가우위 전략을 추구했죠. 반면 GM은 캐딜락이란 고급차를 만들어 고품질과 고가격 시장을 휩쓸었는데요. 차별화 전략이었죠. 볼보는 안전 콘셉트에 집중했고 일본 소형차는 세컨드카 콘셉트에 집중합니다. 이처럼 포지션을 확실하게 잡으면 치열한 시장에서 살아남아 이윤을 창출할 수 있다는 거죠. 책 제목은 '경쟁전략'이지만 경쟁을 하자는 게 아닙니다. '최대한 경쟁을 피해 독점할 수 있는 포지션을 만들어보자.'라는 거죠.

어떻게 탁월한 성과를 지속 창출할 것인가

포터 교수는 1980년 출간한 『경쟁전략』으로 스타로 부상한 뒤 1985년 『경쟁우위』를 발간하여 전략 분야의 최고 자리를 굳히는데요. 경쟁전략의 핵심이 5가지 산업경쟁요인 모델과 3가지 전략 유형이라면 경쟁우위의 핵심은 가치사슬입니다. 경쟁전략은 독점 비슷한 지위를 누리기 위해 자신이 속한 산업에서 어떤 포지션을 취해야 하는가이고 경쟁우위는 그 지위를 오랫동안 유지하기 위해서 특히 어떤 걸 잘해야 하는가입니다. 부제가 '탁월한 성과를 지속적으로 창출하는 법Creating and Sustaining Superior Performance'인 것을 보아도 수긍이 가죠.

TV 만드는 회사의 예를 들어보죠. 먼저 LCD 패널 등 재료를 구매해야 합니다. 그다음 그 재료를 공장에 가져와 생산해야겠죠. 완

지원 활동	기업 하부구조					마진
	인적 자원 관리					
	기술 개발					
	조달 활동					
	내부 물류	제조, 생산	외부 물류	마케팅, 영업	서비스	마진
	본원적 활동					

제품은 매장에 가져다 놓고요. 마케팅과 영업을 하고 나중에 애프터서비스AS도 해야 합니다. 이처럼 부가가치 증대에 직접적으로 영향을 미치는 활동을 프라이머리 액티비티Primary Activity라고 합니다. 그리고 기업을 보면 인사부서, 재무부서, 기술개발부서가 있죠. 그들은 서포티브 액티비티Supportive Activity라고 하는데요. 이 모든 활동을 결합해서 가치사슬이라고 명명한 거죠.

사실 이러한 분류 자체만으로는 큰 의미가 없습니다. 누구나 할 수 있죠. 포터의 대단한 점은 이 분류에서 경쟁력의 원천이 어디인지를 최초로 찾고자 했다는 겁니다. 경쟁전략에서는 비즈니스 레벨까지만 분석했습니다. 편의점 사업을 한다면 그 업종에 영향을 미치는 5가지 산업경쟁요인 모델을 분석한 뒤 어떤 전략을 실행하는 게 좋겠다고 결정하는 거죠. 경쟁우위에서는 그 기업을 구성하는 주요 기능까지 한 단계 더 들어갑니다. 그래서 기존 경제학자들이 혀를 휘두르는 거죠. 경제학의 분석 단위는 기업까지거든요.

원가우위 전략을 수립한다고 가정해보죠. 가치사슬 구성항목별로 나누면 무엇을 해야 할지 구체적인 답이 나옵니다. 월마트를 생각해보죠. 월마트 매장이 화려하게 꾸며져 있다면 고객은 고개를 갸우뚱하겠죠. "아니, 저런 거 할 돈 있으면 차라리 물건값이나 낮출 것이지." 매장의 안락함을 느끼려 했다면 고급 백화점이나 쇼핑몰을 갔을 테니까요. 따라서 매장을 최대한 검소하게 꾸며야 합니다. 같은 맥락에서 서비스는 셀프, 조달은 글로벌 관점에서 가장 저렴한 곳, 입지는 최대한 외곽, 기업문화는 검소하게 등등 구성항목별로 무엇을 해야 할지 구체적인 안을 마련할 수 있습니다.

여기서 주의할 점은 가치사슬 구성항목별만이 아니라 기업 전체 자원에서 비용 최적화가 되도록 설계해야 한다는 건데요. 예를 들어 생산부서에서 생산관리 비용을 더 많이 지출하는 것이 오히려 제품 출하 시 품질검사 비용이나 애프터서비스 비용을 획기적으로 낮출 수 있습니다. 이러한 점 또한 놓쳐서는 안 되겠죠.

차별화 전략도 마찬가지입니다. 가치사슬에서 나의 강점이 어디에 있는지를 찾아 그 부분의 역량을 최고로 끌어올리는 것이 핵심입니다. 휴대폰 산업을 볼까요? 애플, 삼성전자, 기타 기업으로 나눠보죠. 애플은 애플 마니아를 볼 때 브랜드 충성도가 높습니다. 아이팟 시절부터 아이튠 등 고객과의 록인도 확실하죠. 프라이머리 액티비티 중 4, 5번에 걸쳐 강점을 지니고 있습니다. 그럼 이쪽을 더욱 강화하는 거죠. 고객과 직접 만날 수 있는 애플만의 리테일 매장을 개설하는 것처럼 말이죠. 삼성전자는 프라이머리 액티비티 중 2번이 강합니다. 글로벌 공급망 관리SCM 역량은 전 세계 그 어느 기업보다 뛰어난 것으로 평가됩니다. 이를 통해 규모의 경제, 글로벌 생산역량을 강화하면서 경쟁우위를 지속하려 합니다.

기타 기업들은 눈에 띄는 강점보다는 다 고만고만하죠. 고만고만하면 차별화가 안 된 것이라 돈을 못 벌죠. 한때 휴대폰 생산업체 중 애플과 삼성전자만 흑자이고 나머지 기업은 모두 적자인 적이 있었는데요. 그 당시 가치사슬을 분석하면 이러한 결과가 나오는 거죠.

전략이란 '무엇을 하지 않을까?'의 선택이다

그 후에도 포터의 전략에 관한 생각은 계속 진화 발전해 갑니다. 심지어 「전략이란 무엇인가?What is strategy?」라는 학술 논문을 쓸 정도였죠. 포터에 따르면 전략이란 '무얼 해야 할까?'가 아니라 '무얼 하지 않을까?'를 선택하는 겁니다.

스티브 잡스Steve Jobs는 애플에서 쫓겨난 지 11년 만에 복귀하는데요. 당시 애플은 도산하기 일보 직전이었죠. 그가 제일 먼저 한 일은 제품의 가짓수를 줄이는 것이었습니다. 당시 40여 종의 제품을 가지고 있었는데요. 경쟁우위가 있다고 판단한 4종을 제외하고 모두 버렸습니다. 고객도 마찬가지입니다. 모든 고객을 만족시킨다는 것은 불가능하죠. 타깃 고객을 설정하고 만족시키면 됩니다. 모든 오토바이 라이더가 할리데이비슨 문신을 하지는 않습니다. 모든 휴대폰 사용자가 아이폰을 사기 위해 밤새고 줄을 서지 않습니다. 혼다 오토바이도, 샤오미 휴대폰도 자기만의 고객이 있습니다. 자기의 타깃 고객이 누구인지 알고 나머지를 버리는 것이 전략의 출발점입니다.

때론 사업도 버려야 합니다. 인텔은 1970년대 비메모리로 잘나갔지만 1980년대 일본 기업의 추격을 받습니다. 창업자들은 모여서 의논을 했죠. "만약 우리가 모두 잘리고 새로운 CEO가 온다면 무얼 가장 먼저 할까?" "아마 메모리 사업을 접겠지." "그렇다면 지금 우리가 그렇게 하지 뭐." 그래서 인텔은 메모리를 버리고 비메

모리에 뛰어들어 다시 한번 강자로 도약합니다. 마찬가지입니다. 자신이 키운 사업은 자신의 분신이기도 한데 버린다는 게 쉽지 않죠. 인텔 창업자들과 같은 냉철한 시각으로 버릴 땐 버려야 합니다. 그게 전략의 본질입니다.

3. Q&A

5가지 산업경쟁요인 모델은 분석도구인가

정구현 1980년대라고 기억되는데 포터의 저서에 대한 기업 세미나가 있었습니다. 그때 LG전자의 고 이헌조 회장이 이런 질문을 한 것으로 기억합니다. "5가지 산업경쟁요인 모델과 같은 기법은 산업을 이해하는 데는 도움이 되지만 전략을 만드는 데는 그다지 큰 도움은 안 되는 것 같습니다. 비유한다면 이런 기법은 일종의 해부학이라고 하겠습니다. 해부학이 사람의 몸을 이해하는 데는 도움이 되지만 병을 고치는 데는 도움이 되지 않지 않을까요?" 이 질문에 대해서 어떻게 생각하세요?

신현암 맞습니다. 5가지 산업경쟁요인 모델은 분석도구일 뿐입니다. 『경쟁전략』의 부제 또한 '산업과 경쟁자를 분석하는 기법'입니다. 하지만 그 내용은 전체 16장 중 1장에만 해당합니다. 나머지 15개 장에서 다양한 설명을 하고 있습니다. 산업이 성숙산업인가, 사양산업인가에 따라 어떻게 다른지도 이야기합니다. 수직계열화, 생산규모 확장, 신규사업 진출 등 다양한 전략적 상황에서 어떻게 행동해야 할지도 말합니다. 16분의 1의 내용만 보고 전부라고 오해해서 생긴 일이라고 생각됩니다.

기업의 핵심역량은 무엇인가

정구현 포터의 본원적 전략에서 차별화differentiation와 원가우위cost leadership가 제시되고 있는데요. 과연 어떻게 이런 우위를 만들 수 있는가에 대한 이론이 빠져 있죠. 그래서 지금은 경영 전략의 주류가 자원기반 이론resource-based theory이라고 해야 하겠죠?

신현암 포터가 차별화와 원가우위를 만드는 방법에 대해 자원기반 이론처럼 '기업의 핵심역량'에 대해 확실하게 이야기하지는 않았습니다. 그러나 『경쟁전략』 이후에 저술한 『경쟁우위』를 보면 가치사슬을 분석하며 그중 어느 분야가 기업의 강점인지 이야기합니다. 전략의 대가 제이 바니Jay Barney 교수가 말한 자원기반 이론의 핵심인 브리오VRIO 모델(130쪽 참조)처럼 무엇이 핵심역량인지는 확실하게 말하지는 않았지만 말이죠. 어쨌든 산업분석을 기초로 하되 핵심역량이 무엇인지 찾자는 게 주류인 건 맞습니다.

전략계획은 여전히 유효한가

정구현 포터가 2017년에 인도에서 한 연설을 유튜브에서 봤는데요. 여전히 산업 분석industry analysis의 틀로 이야기를 끌고 가기는 하더라고요. 그러면서 두 가지를 강조했습니다.

1. 전략과 기업에는 베스트best는 없고 유니크unique만 있다.
2. 단기적인 주가에 신경쓰지 말고 장기적인 경쟁우위를 만들어라.

2번은 기업이 전략을 수립할 때 시야time horizon를 얼마나 멀리 봐야 하는가의 문제입니다. 21세기 들어서서 변화의 속도가 너무 빨라서 이제 기업이 장기적인 시야를 갖기 어렵다고 하죠. 그래서 더는 전략 계획strategic planning은 소용이 없고 단기적인 대응이 중요하다고 합니다. 변화에 즉각적으로 기민하게 대응하는 능력이 기업의 성과를 좌우한다는 거죠.

신현암 변화가 워낙 급변하는 시대여서 과거와 같은 중장기 계획은 의미가 없다고 봅니다. 그런데 의미가 없다는 것이 중장기 계획을 수립하는 것마저 의미가 없다는 것은 아닙니다. 미국 대통령을 역임한 드와이트 아이젠아워Dwight David Eisenhower가 이야기했다고 하는데요. "계획을 세우는 것이 중요하다. 계획 그 자체는 중요하지 않다planning is everything, the plan is nothing."라는 말의 의미를 되새겨보면 좋을 듯합니다.

3권

성공하는 기업들의 8가지 습관

: 어떻게 지속 성공하는 기업을
만들 것인가

짐 콜린스과 제리 포라스

1. 저자

짐 콜린스와 제리 포라스

짐 콜린스Jim Collins는 1980년 스탠퍼드대학교 수학과를 졸업합니다. 이후 맥킨지 샌프란스시코 사무소에서 1년 반 동안 근무하는데요. 이 무렵 맥킨지 파트너인 톰 피터스와 로버트 워터맨이 기업들을 열심히 인터뷰하는 모습을 눈여겨봅니다. 그 결과물인『초우량 기업의 조건In Search of Excellence』이 초대형 베스트셀러가 되는 걸 보면서 자신도 언젠가는 그러한 작품을 내놓겠다는 결심을 합니다.

그리고는 스탠퍼드대학교 MBA 과정에 입학합니다. 제리 포라스Jerry Porras는 1972년부터 스탠퍼드대학교에서 학생을 가르치기 시작했는데요. 이때 짐 콜린스와 스승과 제자의 연을 맺습니다.

1983년 MBA 학위를 취득한 짐 콜린스는 HP에서 18개월간 근무했는데요. 아내의 철인 3종경기 경력 관리를 돕기 위해 회사를 그만둡니다. 그리곤 다시 스탠퍼드대학교로 돌아오죠. 비록 박사학위는 없었지만 가르치는 것은 가능합니다. 잘 가르쳤고 그 증표로 우수교수상Distinguished Teaching Award도 받습니다.

짐 콜린스는 1992년에 첫 번째 책을 냅니다만 별로 빛을 보지 못합니다. 하지만 1994년 그의 스승인 제리 포라스와 공저한『성공하는 기업의 8가지 습관Built to last』이 대성공을 거두죠. 우리말 제목엔 8가지 습관이란 단어가 들어가 있지만 원전에는 그런 표현이 없습니다. 이 무렵 한국 출판계에『성공하는 사람들의 7가지 습관』이란 책이 베스트셀러가 됐다 보니 그런 비슷한 제목으로 발간된 것이죠.

그 후 짐 콜린스는 저술가 겸 컨설턴트로 자리잡게 되죠. 1995년 콜로라도주 볼더에 '매니지먼트 랩Management Lab'을 설립해 실천적 경영 원리를 개발해오고 있습니다.

스승인 제리 포라스는 조직행동과 변화를 주전공으로 하는 스탠퍼드대학교 경영대학원 석좌교수로 근무한 뒤 2001년 은퇴합니다.

2. 핵심

비전기업은 비교기업과 무엇이 다른가

연구의 배경은 이렇습니다. 1988년 두 저자는 기업의 '비전'에 대해 씨름하기 시작합니다. 그러다 3M이란 회사를 놓고 고민에 빠집니다. 분명 훌륭한 회사이고 비전 있는 회사입니다. 그런데 카리스마 있는 리더가 안 보이는 겁니다. 여러분 중에 3M의 역대 CEO 중 이름을 아는 분 계신가요? 아마 3M에 근무하는 사람들만 알 겁니다. 그렇다면 '3M 이외에도 이와 유사한 다른 회사가 있지 않을까?'라는 생각에 이릅니다. 대규모 프로젝트로 발전한 거죠.

어디가 비전기업인지 임의대로 선정할 수는 없겠죠. 그래서 『포춘Fortune』이 선정한 유명 기업 CEO 700명에게 질문합니다. "여러분이 보시기에 비전기업(구체적으로는 동일 업종 내에서 다른 회사들에

널리 인정받고 주위에 큰 영향을 끼치며 오랜 전통을 가진 우수한 조직)을 최대한 5개까지 골라주세요." 그리고 받은 답변을 정리해 20개를 선정합니다. 그중 1950년 이후에 설립된 기업은 제외합니다. 창업자의 영향력이 계속 미칠 수 있다는 거죠. 2개를 제외하고 남은 기업의 평균 업력은 100년입니다. 이를 비전기업visionary company이라 명명합니다.

그리고 동종 업종에서 비슷한 시기에 창업했지만 상대적으로 비전기업만큼은 성과를 내지 못하는 기업을 비교기업comparison company이라 칭합니다. 그리고 비전기업이 비교기업보다 뭘 어떻게 잘했는지를 분석했죠. 물론 비교기업이라고 해서 형편없는 기업은 아닙니다. 제약업계를 보면 비전기업은 머크를 선정하고 비교기업은 비아그라로 유명한 화이자를 선정해서 분석했으니까요. 비전기업은 금메달리스트이고 비교기업은 은메달리스트라고 보면 더 좋을 듯합니다.

그리고 연구를 통해 기존에 믿었던 기업 경영 관련 몇몇 신화가 깨져버렸다고 말합니다.

성공 지속 기업을 만드는 요소는 무엇인가

'Built to last'라는 영어 제목에서 알 수 있듯, 어떻게 하면 오랫동안 성공을 지속하는 기업을 만들 수 있는지 설명하고 있습니다. 저

자는 그러기 위해 몇 가지를 강조합니다.

첫째, 시간을 가르쳐주지 말고 시계를 만들어주어라. 시간을 가르쳐주는 사람을 타임 텔러time teller라고 합니다. 시계를 만드는 사람은 클락 빌더clock builder라고 하죠. 어떤 차이가 있을까요? '시간 알려주기'는 뛰어난 아이디어를 가졌거나 카리스마 넘치는 지도자가 존재하는 것입니다. 반면 '시계 만들기'는 한 개인의 일생이나 제품의 라이프사이클을 훨씬 뛰어넘어 오랫동안 번창할 수 있는 기업을 만드는 것입니다. 월트디즈니는 미키 마우스도 만들었고 디즈니랜드도 만들었지만 가장 뛰어난 창조물은 월트디즈니라는 회사죠. 휴렛팩커드는 과거 여러 번 초우량 기업의 사례로 거론됐는데요. 이 회사가 처음 만들어졌을 때도 뛰어난 아이디어가 있어서가 아니라 그냥 함께 회사를 하고 싶어서 만들었고 그렇게 하려면 전기세 등도 내야 해서 돈 되는 것은 닥치는 대로 시도했다고 합니다.

어떤 공통점이 있을까요? 조직과 조직구성원에 관한 관심입니다. 디즈니는 고객을 행복하게 만드는 신비한 능력을 지닌 회사를 만들었죠. 휴렛팩커드는 흔히 HP 웨이HP Way라고 하는 조직문화를 창조했습니다. 탁월한 제품이나 카리스마 넘치는 리더의 존재가 아니라 조직, 기업문화를 강조해야 오랫동안 번창할 수 있다는 말입니다.

> 신화: 비전기업에는 위대하고 카리스마 넘치는 비전 있는 지도자가 필요하다.
> 현실: 비전기업에 카리스마적인 리더는 전혀 필요하지 않다. 오히려 장기적인 관점에서 회사에 해가 될 수 있다. 비전기업의 몇몇 중요 CEO는 카리스마적이고 오만한 리더의 모델과는 전혀 맞지 않았다. 그들은 개인적으로 위대한 리더가 되는 것보다 생명력이 긴 조직구조를 만드는 데 더 신경을 썼다. 그들은 시계를 만드는 사람이 되려고 했지, 지금이 몇 시인지 알려 주는 사람이 되기를 원하지 않았다.

둘째, 또는or이 아니라 동시에and의 대가가 되어라. 많은 기업이 '안정을 선택'하거나 또는or '발전을 선택'합니다. 한편 '이익을 추구'하거나 또는or '가치와 신념을 추구'합니다. 이 둘을 동시에and 추구하는 것은 말이 안 된다고 생각하죠. 저자는 '대립되는 개념의 동시 추구'가 핵심이라고 주장합니다. 저원가와 차별화, 창조성과 효율성처럼 얼핏 양립하기 힘든 것을 동시에 추구하는 방식을 패러독스 경영이라고 하는데요. 저자가 주장하는 위대한 회사가 바로 패러독스 경영을 추구하는 회사입니다.

서울대학교 경영대학의 송재용 교수와 이경묵 교수가 2011년 『하버드 비즈니스 리뷰Harvard Business Review』에 「삼성 부상의 패러독스The Paradox of Samsung's Rise」라는 제목으로 게재한 글에서 삼성 경쟁력의 원천으로 '삼성식 패러독스 경영'을 꼽는데요. '삼성은 ①대규모 조직이면서도 해외 경쟁자보다 의사결정과 실행의 스피드가 매우 빠르고 다각화됐고 ②수직적 계열화되어 있으면서도 단위 사업의 전문적 경쟁력을 극대화시켰으며 ③미국식 전략경영과 일본식 현장경영의 장점을 조화시켜 삼성 특유의 새로운 경영시스템을 창출함으로써 삼성식 패러독스 경영을 정착시켜 왔다.'라고 말합니다.

셋째, 이익 그 이상을 추구하라. "이제껏 나는 최고의 유통 회사를 만드는 일에만 주력해왔습니다. 개인적인 부를 축적하는 것은 내 관심 밖의 일이었습니다." 누구의 말일까요? 월마트의 창업자인 샘 월튼Samuel Moore Walton의 말입니다. 그는 돈을 좇지 않았지만 돈이 따라왔고 결과적으로 미국에서 가장 부유한 가문 중 하나가 되었습니다.

신화: 성공적인 기업은 우선으로 이익을 극대화하기 위해 존재한다.
현실: 경영대학원에서 가르치는 원리인 '주주의 부의 극대화' 또는 '수익 극대화'는 비전기업의 역사를 볼 때 주

> 요 목표나 그 목표를 달성하게 하는 힘은 아니었다. 그들은 여러 가지 목표를 추구했다. 돈을 버는 것은 그중 하나였지 반드시 중요한 것은 아니었다. 그들은 이익을 추구했으나 동시에 핵심 이념(돈 버는 것 이상의 핵심 가치와 목적의식)에 의해 인도되었다. 그런데 모순되게도 비전기업이 이익을 추구한 비교기업보다 더 많은 돈을 벌었다.

넷째, 핵심을 보존하고 발전을 자극하라. 저자는 경영 관련 수많은 패러독스 중 대표 주자로 '핵심을 보존하고 발전을 자극하라.'를 내세웁니다. 그리고 이 내용을 풀어서 '음양 이론'을 만듭니다.

어떻게 핵심을 보존하고 발전을 자극할 것인가

1. 핵심 보존

사교 집단 같은 기업문화

핵심을 보존한다는 것은 무엇일까요? 기업의 정체성을 유지하고 기업의 존재 이유와 궁극적인 목표와 철학이 무엇인지 끊임없이 고민하는 겁니다. 핵심을 보존하려면 자기 기업만의 독특한 문화가 있어야 합니다. 할리데이비슨이라는 오토바이 회사에 근무하는 사람들은 어떤 생각을 하고 있을까요? 종일 오토바이 생각만 하고

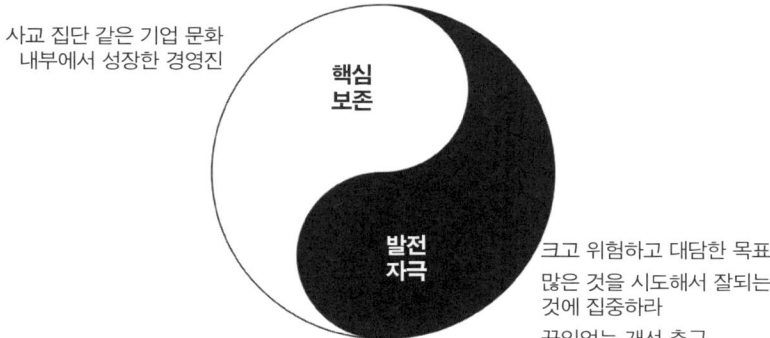

태극 모델

사교 집단 같은 기업 문화
내부에서 성장한 경영진

핵심
보존

발전
자극

크고 위험하고 대담한 목표
많은 것을 시도해서 잘되는
것에 집중하라
끊임없는 개선 추구

있겠죠. 모여서도 오토바이 얘기만 할 겁니다. 출퇴근도 할리데이비슨으로 하겠죠. 몸에 문신까지 새긴 직원도 있습니다. 일종의 컬트와 비슷한 문화를 갖고 있습니다.

많은 회사가 핵심이념을 주입하기 위해 교육을 강조합니다. 신입사원 시절 한 달 내내 연수원에서 먹고 자면서 그 회사의 조직원으로 재탄생되는 거죠. 입사 이후에도 아침마다 사내 방송에서 나오는 사가社歌를 들으며 하루를 시작합니다. 요즘엔 보기 힘든 풍경이지만 입사한 지 좀 되는 세대에게는 아련한 추억입니다.

신화: 비전기업은 누구에게나 일하기 좋은 직장이다.
현실: 힘든 업무 요건과 비전기업의 핵심이념에 아주 잘 '어울리는' 사람에게만 일하기 좋은 직장이다. 비전기업에서 일할 때 여러분이 잘 적응하여 크게 발전하지

> 않는다면 아마 사라질 것이다. 두 가지 중 하나이지 중간은 없다. 비전기업은 사교邪敎 집단과도 같다. 비전기업은 나타내는 것과 얻고자 하는 것이 명확하다. 그들의 기준에 딱 맞출 의사가 없거나 맞출 수 없는 사람에게 여유를 주지 않는다.

내부에서 성장한 경영진

한편 핵심을 보존하기 위해서는 내부구성원이 CEO직을 승계하는 게 중요합니다. GE가 가장 대표적인 기업입니다. 현직 CEO가 차기 CEO 후보 한 명 한 명에게 묻는답니다. "당신하고 나하고 비행기를 타고 가다가 추락했습니다. 그럼 우리 GE를 누가 이끌면 좋을까요?" "왜 그렇게 생각하나요?" CEO로 임명되면 항상 생각해야 하는 게 '우리 조직 내에서 누구를 내 후계자로 만들 것인가?'라고 합니다.

> 신화: 근본적인 변화를 자극하기 위해 기업은 외부에서 CEO를 고용해야 한다.
> 현실: 우리는 비전기업의 역사를 다 합쳐놓은 1,700년 동안 CEO를 외부에서 데려온 경우를 단지 네 번 발견했다. 그것도 단지 두 회사였다. 내부에서 성장한 경영진이 회사를 경영하는 경우가 비교기업보다 비전기업이 6배나 많았다. 이런 사례들은 중요한 변화와

> 신선한 생각은 내부에서 나올 수 없다는 기존의 생각에 일침을 놓았다.

2. 발전 자극

크고 위험하고 대담한 목표

발전을 자극하려면 일단 높은 목표가 있어야 합니다. 미국의 존 F. 케네디John F. Kennedy 대통령의 문 프로젝트Moon project처럼 말이죠. 높은 목표의 속성으로서 비핵BHAG을 강조합니다. 크고big 위험하고hairy 대담한audacious 목표goal를 말하는데요. 줄여서 '비핵'이라고 부릅니다. 포드는 1907년 자동차를 대중화하겠다는 비핵을 선언합니다. 그전까지는 30개가 넘는 자동차 회사 중의 하나였

1962년 9월 12일에 존 F. 케네디 대통령이 라이스대학교 스타디움에서 문 프로젝트에 대한 연설을 하고 있다. 문 프로젝트는 비핵의 대표적인 사례이다. (출처: 존 F. 케네디 라이브러리)

는데요. 이 비핵을 선언하고 전 직원이 몰입하면서 세계 최고의 자동차 기업으로 올라서죠.

> 신화: 우량기업은 안전 위주로 일을 한다.
>
> 현실: 비전기업은 외부인에게 딱딱하고 보수적으로 보이지만 크고 위험하고 대담한 목표인 비핵BHAGs에 도전하기를 두려워하지 않는다. 높은 산을 오르거나 달에 가는 것처럼 비핵BHAGs은 아마도 기가 꺾이거나 위험하더라도 거기서 나오는 모험, 흥분, 도전은 사람의 오기를 자극하고 피를 솟구치게 하며 전진하는 큰 힘을 창조한다. 비전기업은 역사상 중요한 시점에 비핵BHAGs을 현명하게 사용하여 비교기업을 강타하고 발전을 자극해왔다.

많은 것을 시도해서 잘되는 것에 집중하라

사실 이 책을 펼치면 제일 먼저 나오는 문구가 찰스 다윈Charles Robert Darwin의 『종의 기원On the Origin of Species』에 나오는 문장입니다. "번식하라. 변화하라. 강자는 살고 약자는 죽게 하라." 나무에 비유해보죠. 제가 나무를 기릅니다. 그 나무가 충분히 많은 가지를 내도록 하고 동시에 쓸모없는 가지를 현명하게 선택해서 잘라냅니다. 그러면 저는 변화하는 환경에 잘 적응하는 건강한 가지들만 가진 나무를 소유할 수 있겠죠. 이처럼 "끊임없이 새로운 것을 시도하고,

찰스 다윈 동상

그중 잘되는 것은 지속하고 아닌 것은 버려라." 이렇게 해석하면 되겠습니다. 성공하는 기업은 무언가 새로운 시도를 계속한다는 겁니다. 나중에는 그 시도가 주력사업으로 변하기도 하죠. 아마존도 인터넷 서점으로 출발했지만 지금은 클라우딩과 인공지능 등 다양한 사업을 하고 있습니다.

> 신화: 크게 성공한 회사는 보기 좋고 복잡한 전략 기획에 의해 움직임을 결정한다.
> 현실: 비전기업은 실험, 시행착오, 기회, 글자 그대로 우연에 의해 움직임을 결정한다. 되돌아보면 빛나는 안목과 기획에 의한 것 같은 의사결정도 종종 "이것저것

> 많이 해보고 어떻게 되나 봅시다."라고 한 것들의 결과였다. 이런 점에서 비전기업은 종의 생물학적 진화를 흉내낸다. 우리는 전략 기획에 관한 그 어떤 책보다 찰스 다윈의 『종의 기원』이 비전기업의 성공을 확실히 재현하는 데 더 도움이 된다는 것을 발견했다.

끊임없는 개선 추구

책에서 소개하는 검은 띠 우화가 흥미롭습니다. 스승이 혹독한 훈련을 마친 제자에게 검은 띠를 수여하기 전에 마지막으로 검은 띠의 의미가 뭐냐고 질문을 합니다. 제자는 "제 수련 과정의 끝이며, 제가 오랫동안 노력한 데에 대한 보상입니다."라고 대답하죠. 스승은 1년 후에 다시 오라고 합니다. 1년 후에 제자는 "뛰어남의 상징이며, 우리 무술에서 최고의 성취를 의미합니다."라고 답합니다. 스승은 또다시 1년 후에 오라고 말합니다. 1년 후에 제자는 "검은 띠는 시작을 의미합니다. 자기 극복, 꾸준한 노력, 더 높은 수준의 추구라는 영원한 여행을 시작하는 것입니다."라고 답합니다. 그제야 검은 띠를 건네줍니다. 이처럼 비전기업도 결코 안주해서는 안 된다는 의미겠죠.

> 신화: 성공한 기업은 주로 경쟁기업을 물리치는 데 관심을 둔다.
> 현실: 비전기업은 일차적으로 자신을 이기는 데 중점을 둔

> 다. 경쟁자를 물리치고 성공을 거두는 것은 최종 목표라기보다 "어떻게 하면 오늘보다 내일 더 잘할 수 있는가?"라는 질문을 계속 던지는 데 대한 결과다.

왜 항상 별을 쫓으며 산에 올라야 하는가

암젠의 예를 들어보겠습니다. 암젠이 추구하는 궁극적인 목표, 즉 암젠이 바라보는 머나먼 별은 사람들의 건강을 보존하고 생명을 구하는 것입니다. 첨단 바이오 기술로 세상 모든 환자를 치료하고 모든 인류의 건강을 지키고 생명을 구하겠다는 것이죠. 그런데 이런 목표를 100% 달성하는 것은 현실적으로 불가능에 가깝습니다.

암젠은 이 별을 쫓아 여러 산에 올랐습니다. 첫 번째 산은 뛰어난 제품을 개발해 성공적인 바이오테크 기업이 되는 것이었는데요. 암젠은 EPO(세계 최초로 개발한 획기적인 의약품) 제품을 출시하며 첫 목표를 달성합니다. 그다음 암젠은 더 큰 산을 정복하고자 했는데요. 그 산은 빈혈치료시장의 절대 강자가 되는 것이었습니다. 물론 이 목표도 달성합니다.

그다음 목표는 세계 최초이자 최대의 통합 바이오테크 기업이 되는 것이었는데요. 모든 바이오 기술을 이끄는 진정한 선두 주자가 되어 항암제와 같은 새로운 영역에까지 진출하고자 한 것이죠.

이처럼 암젠은 항상 별을 쫓으면서 산을 올랐습니다. 산 하나를 등반하면 다음 산을 찾으면서 절대 쉬거나 멈추지 않았습니다. 핵심을 보존하고 발전을 자극하면서 끊임없이 전진한 거죠.

　이 책 『성공하는 기업의 8가지 습관』은 1994년에 출간됐는데요. 공전의 히트를 기록하면서 2001년에는 『좋은 기업을 넘어 위대한 기업으로 Good to great』, 2009년에는 『위대한 기업은 다 어디로 갔나 How the mighty fall』 등이 출간되는 디딤돌이 되었습니다.

3. Q&A

탁월한 기업들의 법칙이 적용 가능한가

정구현 이 책의 큰 특징은 역사가 길고 오랫동안 높은 성과를 낸 기업을 연구했다는 점입니다. 이 연구 결과가 지금 시작한 벤처나 생존에 급급한 중소기업 또는 중견기업에도 적용될 수 있을까요?

신현암 일단 벤처와 생존에 급급한 중소기업 또는 중견기업에 대한 답이 다를 것 같습니다.

① 벤처인 테슬라(일론 머스크), 애플(스티브 잡스), 아마존(제프 베이조스)은 강력한 리더십으로 큰 성공을 거두었습니다. 이들 기업의 CEO는 모두 비전 리더visionary leader인데요. 이 책이 그들에게 할 수 있는 말은 "그걸로 충분하지 않아요. 비전기업을 만들어야 해요. 시스템을 만들고 창의적인 기업문화를 만들어야 해요."가 될 것입니다.

② 생존에 급급한 기업이라면 현재 수준은 그다지 탁월하지 않은 기업입니다. 이런 기업이 탁월한 기업이 되게 하는 데 적용할 수 있는가? 적용할 수 없습니다. 짐 콜린스는 이 책의 성공으로 순식간에 유명인사가 됐죠. 그런데 어떤 저녁 식사 자리에서 그 책이 쓸모없다는 이야기를 듣습니다. 그 책의 사례에 등장하는 회사는 대부분 위대한 기업이었다는 건데요. 그런데 대부분

의 기업은 평범하거나 그저 그렇거나 정도인 영어로 말하면 그저 그런good 정도의 등급이라는 거죠. 모든 기업인이 알고 싶어 하는 것은 이미 위대한great 기업이 무얼 하는가보다 그저 그런 good 정도인 기업이 어떻게 해야 위대한 단계로 넘어가는지라는 이야기에 충격을 받는데요. 그 후 짐 콜린스는 다시 사례 발굴에 몰두합니다. 그리고 6년이 지난 2001년에 『좋은 기업을 넘어 위대한 기업으로Good to Great』를 출간하죠. 이 책이 생존에 급급한 기업에는 더 적합합니다.

크고 위험하고 대담한 목표가 가능한가

정구현 비핵BHAG이 과연 현실적인가요? 일반 기업에서는 전문경영자가 달성 가능한 목표를 세우고 목표 달성 여부에 따라서 평가를 받죠. 또 미국의 CEO는 분기별 경영 성과 발표에 따른 주가 변동에 신경을 많이 씁니다. 이게 맞는 거 아닌가요?

신현암 사실 정신 나간 거죠. 그런데 이 정도로 정신 나가야 성공할 수 있다는 겁니다. 우리도 포항제철의 우향우 정신*을 비롯해 수많은 성공 신화가 있는데요. 모두 비핵BHAG과 위대한 리더가 있었죠.

---

*   선조들의 피 값인 대일청구권 자금으로 포항제철을 건설하는 만큼 실패하면 민족사에 씻을 수 없는 죄를 짓는 것이니 '우향우'하여 영일만에 빠져 죽어 속죄해야 한다는 각오

왜 경영자를 내부 승진으로 해야 하는가

정구현 과연 지금도 내부 승진이 적절한가요? 미국은 경영자 시장이 잘 발달되어 있고 경영자들의 수평 이동도 많고 외부에서 많이 모셔오는 것 같은데요. 왜 이점을 강조할까요?

신현암 내부 인력 양성이 가장 중요할 것입니다. 내부 임직원이 어디까지 올라갈 수 있는지 다들 보거든요. 최고경영자까지 오르지 못한다고 하면 중간에 훌륭한 인재가 떠나갑니다. 게다가 사교 같은 기업문화cult-like culture를 강조하다 보니까 그런 내부 기업문화에 익숙한 경영자가 필요할 것입니다. 그 조직만의 언어가 있는데 이해하지 못하면 의사소통이 쉽지 않겠죠.

이 이야기는 최고경영책임자CEO급에 국한됩니다. 최고마케팅책임자CMO나 최고기술책임자CTO 등은 얼마든지 외부에서 데려올 수 있습니다. 물론 디지털 시대의 마케팅이나 디지털 시대의 기술전략처럼 새로운 시대가 와서 그에 걸맞은 전문가가 필요한 경우에 한해서죠. 요즘엔 기업들이 순혈주의純血主義를 버리고 다양성을 강조하기는 합니다. 오랫동안 좋은 성과를 창출해온 기업이라면 내부 승진 시스템도 잘 갖추어져 있을 겁니다. 상대적으로 내부 승진 기회가 많겠죠.

4권

시대를 앞서는 미래경쟁전략

: 어떻게 미래에 먼저 도착할 핵심역량을 짤 것인가

게리 하멜과 C. K. 프라할라드

1. 저자

게리 하멜과 C. K. 프라할라드

1977년 게리 하멜Gary Hamel은 미시간대학교에서 국제비즈니스 박사과정을 밟고 있었고 C. K. 프라할라드C. K. Prahalad는 막 전략학 조교수로 채용된 참이었습니다. 그리고 그 둘은 전략과 교수가 국제 비즈니스 박사과정 학생들을 대상으로 한 세미나에서 처음 만났지요.

그날 오후 서로는 상당히 예리하고 치열한 논쟁을 벌였습니다. 서로에게 아주 날카로운 일격을 주고받았다는군요. 어느 정도로 심했을까요? 그 자리에 있던 사람들이 '아, 정말 심하다. 아마 저 두 사람은 앞으로 평생 안 볼 거야.'라고 느낄 정도였답니다. 하지만 둘의 생각은 달랐습니다. 그날 오후 서로의 마음에는 존경과 우

정의 씨앗이 뿌려졌다는데요. 심지어 서로 학구적 논쟁 이상의 것을 공유하고 있다는 사실을 발견했다는군요. 그러면서 둘은 함께 연구를 진행하기 시작합니다.

이런저런 연구를 하다 보니 일본 기업들이 눈에 띄었습니다. 어떻게 더 작은 경쟁자가 더 크고 부유한 기업(주로 미국 기업)을 이길 수 있었는지에 관심을 가지게 되었습니다. 그들은 야심이 있었고 한계를 훨씬 뛰어넘는 목표를 설정하고 있었습니다. 전략적 의도 strategic intent란 개념을 만들었습니다. 아울러 그러한 갈망이 어디서 나오는 걸까에 대한 호기심도 생겼습니다.

계속 연구하다 보니 일본 기업들은 기존 경쟁 공간에서의 포지션보다는 완전히 새로운 경쟁 공간을 창출하는 데 주력한다는 것이 보였습니다. 그런데 그런 모습은 마이클 포터가 제시한 5가지 산업경쟁요인 모델 분석 틀로는 설명이 안 됩니다. 기존의 산업구조를 이해하는 데는 도움이 되지만 기업이 자신에게 유리한 쪽으로 산업을 재형성하려면 무엇을 해야 할지에 관한 답을 찾기는 힘듭니다.

기업이 자신에게 유리한 쪽으로 산업을 재형성한다는 것은 무슨 말일까요? 잠깐 사자와 호랑이의 격투에 관해 이야기해보죠. 사자와 호랑이는 서로 다른 지역에 살고 있어 싸울 일이 없습니다. 굳이 싸워야 한다면 사자는 초원이고 호랑이는 숲속을 선호할 겁니다. 소위 홈그라운드의 이점을 살리는 거죠. 기업도 서로 다른 강점과 약점을 갖고 있습니다. 최대한 자신에게 유리하게 판을 짜는

게 현명합니다. 그러려면 자신의 강점과 약점을 알아야겠지요. 그래서 핵심역량core competence 이론을 정립하게 됩니다. 1980년대가 포지셔닝의 시대라면 1990년대는 핵심역량의 시대라 불릴 정도였죠.

2. 핵심

위대한 기업은 전략적 의도를 갖고 있다

하멜과 프라할라드가 명성을 얻기 시작한 건 1989년으로 거슬러 올라갑니다. 당시 『하버드 비즈니스 리뷰』에 발표한 논문에 '전략적 의도'라는 개념을 제시하면서 주목받기 시작한 거죠. 두 저자는 위대한 성과를 낸 기업들은 자신들이 가졌던 제한적인 자원이나 능력을 뛰어넘는 원대한 야망, 즉 전략적 의도를 가진 기업이라는 것을 강조하는데요. '미래의 나를 만드는 것은 현재 내가 가진 것이 아니라 내가 집착하고 끊임없이 추구하고자 하는 것'이라며 업계의 거인 제록스를 이긴 캐논을 이야기합니다. 캐논은 늘 '제록스를 타파하자beat xerox.'라는 신념으로 똘똘 뭉쳤다는 겁니다. 이후에도 여러 학술 논문을 공저했던 저자들은 17년간의 연구결과를 모아 1994

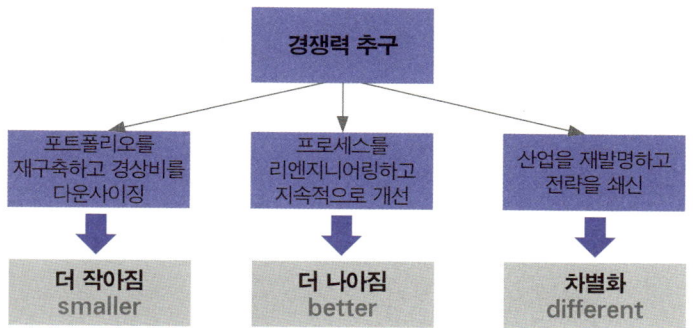

년에 이 책을 출간합니다.

이 책이 출간된 1990년대는 IT 기술을 기반으로 비즈니스 프로세스를 개선하는, 소위 비즈니스 프로세스 리엔지니어링BPR, Business Process Reengineering이 풍미했던 시대입니다. 일본 기업의 거센 공세에 축소downsizing와 사업재구축Restructuring이란 단어가 일반화되었죠. 하멜과 프라할라드는 이러한 추세에 반기를 들었습니다.

기업 이익의 기본 공식은 '분모에 비용, 분자에 수익'입니다. 분모를 줄이거나 분자를 늘리면 당연히 이익이 늘어납니다. 비용 삭감은 분모를 줄이는 방안인데요. 저자들은 이러면 안 된다고 주장하죠. 당장 몇 년은 버틸 수 있지만 장기적으로 살아남기 위해서는 힘들더라도 분자를 늘리는 경영전략을 구사해야 한다는 겁니다. 그러기 위해 산업을 재발명하고 전략을 쇄신해야 하죠.

미래 경쟁은 어떨지 전략 아키텍처를 짜라

미래 경쟁은 어떤 모습을 띠고 있을까요? 먼저 산업이 어떻게 바뀔지 예측해야겠죠. 그러기 위해서는 다음의 세 가지를 생각해보아야 합니다.

① 어떤 새로운 유형의 혜택을 고객에게 장차 5년, 10년, 15년 안에 제공할 것인가?
② 고객에게 그러한 혜택을 제공하기 위해 구축하거나 획득해야 하는 새로운 역량은 무엇인가?
③ 몇 년 후 고객 인터페이스를 어떻게 재구성해야 할까?

그렇다면 이러한 질문을 위한 생각의 소스는 어디서 구해야 할까요? 먼저 '데이터'입니다. 라이프스타일, 기술, 인구통계학, 지정학 관련 트렌드에 대한 예측을 기반으로 데이터를 생성해야 합니다. 하지만 구슬이 서 말이라도 꿰어야 보배이듯 이 데이터를 잘 엮어야겠죠. 그러려면 '상상력'이 핵심 키워드가 됩니다. 결국 예측력은 상상력에 의존합니다. 미래를 창출하려면 미래를 상상할 수 있어야 하는 거죠. 아울러 '사람들의 삶을 바꾸겠다는 갈망'도 빠져서는 안 됩니다.

산업을 예측했다면 전략 아키텍처를 만들어야 합니다. 이는 높은 수준의 청사진을 의미하는데요. 이런 거 하나 있으면 '아, 미래

우리 산업이 이렇게 바뀌는구나. 그러면 이런 기능을 더욱 강화하고 이런 역량을 축적해야겠네. 자원을 이리로 이동하고 고객 인터페이스는 이렇게 바꿔야겠네.'라고 좀 더 구체적인 그림을 그릴 수 있겠죠.

대표적인 것이 1977년 NEC의 고바야시 고지小林宏治 회장이 주창했던 C&C입니다. 아래 그림처럼 X축은 커뮤니케이션입니다. 전화에서 출발하죠. 시기는 1900년대 초입니다. Y축은 컴퓨터입니

C&C 전망

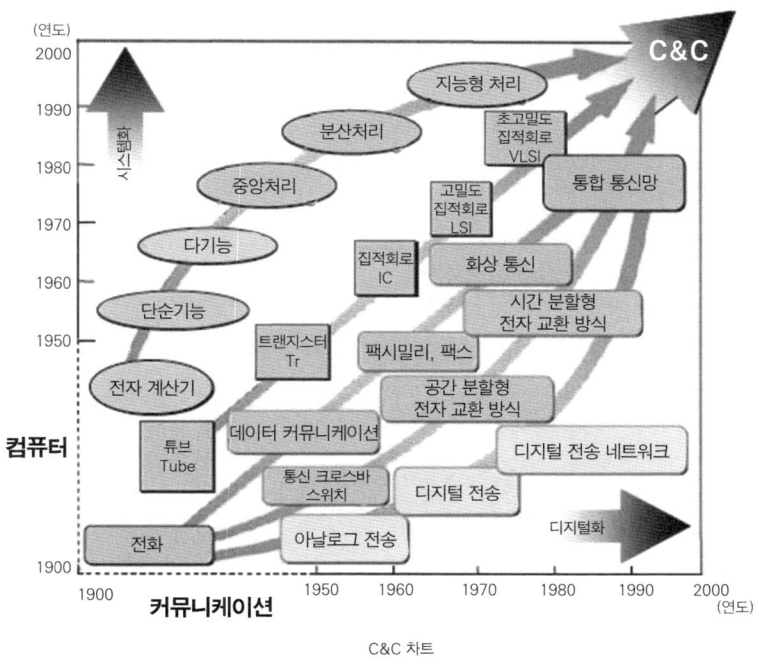

C&C 차트

(출처: NEC, 1977년 인텔콤77에서 NEC가 발표한 C&C 비전)

다. 1940년대에 시작하죠. 따로따로 진화하고 있습니다. 대각선에는 진공관에서 출발하여 트랜지스터, IC로 발전하는 모습이 보입니다. 신기한 것은 LSI, VLSI로 발전하면서 컴퓨터와 커뮤니케이션이 만난다는 그림을 그린 것입니다. 지금 보면 당연하겠지만 1977년에 이런 그림을 그렸다는 겁니다! 이런 멋진 그림으로 미래를 예측하면서 구체적인 준비를 하는 거죠. 경쟁자를 압도할 수 있는 건 당연하겠죠.

전략 아키텍처는 네 가지 특징이 있습니다. 첫째, 세세한 계획이 아닙니다. 구축해야 할 주요 능력이 무엇인지 파악할 수 있으면 충분합니다. 그것을 어떻게 구축해야 할지까지 보여주지는 않습니다. 둘째, 모든 직원과 공유해야 합니다. 비밀로 하는 것은 실용적이지 않죠. 셋째, 영원히 지속되는 것이 아닙니다. 시간의 흐름에 따라 어제의 핵심역량이 오늘의 일반역량이 됩니다. 넷째, 지도입니다. 나아갈 방향을 제시하죠. 그렇다면 그 방향으로 나아가도록 만드는 힘, 즉 연료는 무엇일까요?

전략적 의도의 연료는 스트레치와 레버리지이다

오래 앉아 있어 몸이 찌뿌둥하면 스트레칭을 하시죠? 양손 깍지를 끼고 천정을 향해 쭉 뻗으면 몸이 개운해지죠. 이 모습을 주변의 시각으로 보면 마치 두 팔을 천장에 닿으려 노력하는 것처럼 보입니다. 이처럼 현재의 기업 상황으로는 불가능하게 보일 정도로 야망 있는 목표를 세우는 것을 전략 스트레치stretch라고 합니다. 짐 콜린스가 말한 비핵BHAG, 앞서 잠깐 살펴본 캐논의 '제록스를 타도하자'가 그런 겁니다.

1960년대 일본 기업 고마츠는 '마루 C'라는 전략 슬로건을 발표합니다. 마루는 일본어로 원을 의미합니다. C는 당시 건설업계의 거인인 캐터필러를 의미하죠. 캐터필러를 중심으로 원을 그리듯 '캐터필러를 포위하라Encircle Caterpillar.'라는 전략적 의도가 담긴 슬로건을 발표한 건데요. 고마츠의 모든 구성원은 뭔가에 홀린 듯 일사불란하게 캐터필러를 타도하기 위해 죽을힘을 다합니다. 이처럼 전략적 의도는 회사를 활기차게 만듭니다. 조직 내에 꿈이 가득하죠. 전략 아키텍처가 뇌라면 전략적 의도는 심장입니다. 비장함pathos과 열정passion이 있어야 하죠. 직원 만족satisfaction을 넘어 신바람excitement을 창조해야 합니다.

이러한 높은 목표를 달성할 수 있게 하는 것이 전략 레버리지leverage입니다. 문자 그대로 지렛대죠. 몇 사람의 힘으로도 움직일 수 없는 큰 바위를 지렛대와 지렛점만 있다면 혼자서도 쉽게 움직일 수 있는 지렛대의 원리에서 따온 개념입니다.

긴 이야기는 생략했는데요. 결과적으로 캐논은 제록스를 이겼고 고마츠도 캐터필러를 눌렀습니다. 경영자원이란 관점에서 보면 캐논과 고마츠가 자금과 인력 등에서 훨씬 적은 양을 갖고 있었습니다. 결국 자원을 덜 갖고도 더 많은 일을 할 수 있음을 증명한 셈이죠. 하긴 베트남에서 미국과 북베트남이 벌인 전쟁을 봐도 그렇죠. 자원이란 측면에서 미국이 뭐가 부족했겠습니까? 하지만 북베트남은 게릴라전 등 창의적인 전술을 활용했습니다. 오히려 자원이 희소했기에 그러한 전술이 탄생했다고도 합니다.

전략적 의도의 연료인 스트레치와 레버리지는 혈연관계입니다. 이를 통해 게임의 규칙을 바꿀 기회를 만들어야 하는데요. 그래서 경쟁자보다 미래에 먼저 도달해야 하죠. 더 적은 자원을 사용해서 말이죠.

브리티시항공은 더 훌륭한 항공사로 거듭나고 싶었습니다. 자원이 무한대로 있다면 하고 싶은 것을 다 했겠죠. 더 좋은 비행기에, 더 뛰어난 비행사에, 더 훌륭한 기내식으로요. 그렇다고 가격을 마음대로 올릴 수도 없으니 그건 말이 안 되는 거죠. 무언가에 집중해야 했습니다. 브리티시항공은 히드로 공항의 도착 라운지에 주목했죠. 야간 비행기에서 내린 승객들이 여기서 샤워를 하고 옷을 차려입고 중요한 회의에 가기 전에 간단한 식사를 할 수 있도록 만들었습니다. 대양을 건너 비행기에서 내리자마자 충혈된 눈에 부스스한 차림으로 회의에 참석해야 하는 사람에게 도착 라운지는 천국이나 다름없었죠. 이것 하나만으로도 다른 항공사가 아니라 브리티시항공을 이용할 이유가 충분해진 겁니다. 대단한 자원 레버리지 사례입니다.

어떻게 미래로 가장 빠르게 갈 것인가

전략 아키텍처가 도출되었으면 그에 따라 미래로 이동해야겠죠. 가능한 한 빨리 이동해야 합니다. 다음과 같은 이동 경로를 거칩니다.

① 제휴하고 관리하기

신상품이나 서비스가 결실을 보는 데 필요한 자원을 모두 갖춘 회사는 없습니다. 글로벌 차원에선 정치적 우려를 누그러뜨리기 위해서도 제휴를 하죠. 잠재적 경쟁자들끼리도 협력해 미래에 라이벌 관계가 될 위험을 줄입니다.

② 학습하고 시장에서 실험하기

미래가 시야에 들어오기 시작할 때 미래 수요의 중심부가 어디

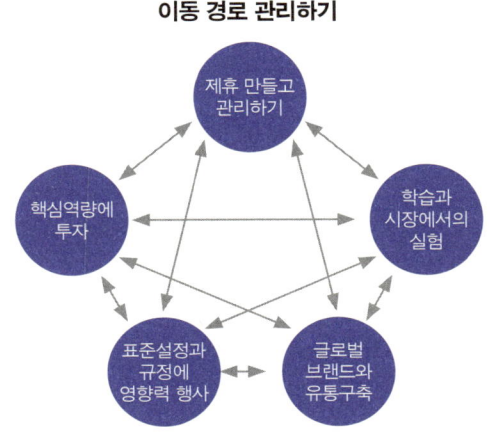

이동 경로 관리하기

인지를 경쟁자보다 더 빨리 배우는 것이 중요합니다. 그래서 '탐험적 마케팅'이 필요하죠. 일단 시장에 출시하고 시장 검증을 통해 상품이나 서비스를 다듬어 나가는 방식입니다. 시장 리스크가 낮은 제품만 출시하면 어떻게 될까요? 일부 나이 든 충성고객을 잡을 수는 있어도 새로운 젊은 구매자들 사이에서 짜릿한 흥분을 일으키지는 못하겠죠. 결국 시장 주도권이 경쟁자에게 넘어갑니다. 수많은 미국 기업이 1970~1980년대 미국 시장에 진출한 일본 기업에 당한 생생한 사례가 있죠.

새로운 시도를 권장하는 기업문화를 만들어야 합니다. 만약 경영자가 새로운 시도를 하지 않았을 때 처벌을 받는다면 어떻게 될까요? 지금 현실은 경영자가 새로운 시도를 했다가 실패하면 처벌을 받습니다. 그러다 보니 실패를 두려워하고 항상 성공하려 합니다. 결코 좋은 모습이 아니죠.

③ 글로벌 브랜드와 유통망 구축하기

글로벌 유통력이 없으면 좋은 제품을 개발하고도 수익은 경쟁사가 가져가게 됩니다. 기저귀 시장에서 카오花王와 피앤지P&G가 좋은 예죠. 카오는 1985년에 일본에서 기술적으로 탁월한 초강력 흡수 기저귀를 출시해 피앤지를 깜짝 놀라게 했습니다. 새로운 기저귀는 즉각 팸퍼스를 따라잡았고 1위에 올랐죠. 하지만 일본을 포함한 아시아 지역뿐입니다. 아시아 외부에서 브랜드 파워나 유통력이 거의 없었기에 글로벌 시장에서는 속수무책이었죠. 그사이

피앤지는 자사의 초강력 흡수 기저귀 버전을 개발해 전 세계에 출시할 수 있었습니다. 결국 새로운 기저귀 기술로 이윤을 얻는 것은 카오가 아니라 피앤지였죠.

글로벌 유통력만으로 다른 영역에서의 역량 부족을 대체할 수는 없습니다. 그래도 혁신에 수익을 배가하는 중요한 요인임은 틀림없죠. 카오의 예에서 보듯 글로벌 유통력이 없으면 큰 혜택을 가져가지 못합니다. 진짜 수익은 글로벌 시장에 가장 먼저 진입한 회사에 돌아가기 때문입니다.

④ 표준 설정과 규제에 영향력 행사하기

비디오테이프 시장에서 VHS 대 베타맥스의 대결은 유명하죠. 시장에서는 기술적으로 탁월했던 베타맥스가 아니라 표준을 먼저 장악한 VHS가 이겼습니다. 표준 설정이 얼마나 중요한지 말해주는데요. 특히 미래에는 기술개발이 더욱 복잡해지고 시간도 오래 걸립니다. 특정 회사가 혼자 하기는 불가능하죠. 향후 어떤 기술과 어떤 상품이 표준이 될지 항상 센싱을 하고 있어야 합니다.

⑤ 핵심역량에 투자하기

미래에 먼저 도달하기 위해 가장 중요한 것은 핵심역량의 개념을 이해하고 확보하는 것입니다. 핵심역량은 회사가 고객들에게 특정한 혜택을 주는 기술과 스킬(기능)의 조합입니다. 소니가 고객에게 주는 혜택은 휴대성이며 핵심역량은 소형화입니다. 페덱스의

브리오 모형

 가치성Valuable, 고객에게 주는 가치가 있는가?

 희소성Rare, 그것이 희소한가?

 모방성Inimitable, 모방하기 어려운가?

 조직성Organized, 조직에서 이용되는가?

브리오의 4가지 기준을 모두 충족해야만 핵심역량으로 확신

혜택은 약속시간 내 배달이며 핵심역량은 물류관리입니다.

 핵심역량의 조건으로 고객가치customer value, 경쟁적 차별화competitor differentiation, 확장 가능성extendability을 꼽습니다. 워크맨이 잘 나가던 시절을 떠올려보죠. 작고 깜찍한 소니 제품에 고객은 비싼 돈을 기꺼이 냅니다. 다른 제품들과는 분명 다릅니다. 소니는 워크맨에 이어 캠코더 등으로 소형화 역량을 확장해나갔죠. 그래서 소니는 소형화 기술이 핵심역량인 겁니다.

 좀 더 이론에 관심이 있다면 제이 바니Jay Barney 교수의 브리오 VRIO 모델을 기억하면 좋습니다.

 송중기처럼 잘생긴 분이 반도체 생산라인에 있으면 어떻게 될까요? 공연히 옆 동료의 가슴을 설레게 해서 생산성 증대에는 별 도움이 안 되겠죠. 하지만 식당이라면 이야기가 다릅니다. 잘생긴 종업원들이 입장하는 손님들에게 하이파이브를 해준다면? 실제 이런 모델로 큰 성공을 거둔 식당이 있죠. 이런 식당은 드물기 때문

에 희소성이 있습니다. 게다가 다른 식당이 따라 하기도 쉽지 않죠. 지금 있는 종업원에게 "당신은 외모가 송중기급이 안 되니 나가세요."라고 할 수 없으니까요.

따라서 잘생긴 종업원을 고용한 식당은 브리$_{VRI}$까지는 잘 갖춘 겁니다. 그런데 잘생긴 종업원이 주인은 아니죠. 종업원이 다른 곳으로 가버리면 손님도 떠나게 되겠죠. 즉 핵심 성공요소를 식당이 아니라 종업원이 갖고 있어서 핵심역량이 되지는 못합니다. 브리오$_{VRIO}$는 브린$_{VRIN}$이라고도 불리는데요, 이때의 N은 대체불가성 non-substitutable을 의미합니다.

어떤 무기로 어디에서 싸울 것인가

하멜과 프라할라드의 전략 개념은 앞서 살펴본 마이클 포터의 전략 개념과 무엇이 다를까요? 마이클 포터의 전략론은 '어디에서 싸울 것인가?'를 말합니다. 어디가 매력적인 시장이고 그 시장에서 싸워서 이기려면 어떤 포지션을 가져가야 하는가를 이야기합니다. 반면 하멜과 프라할라드는 '어떤 무기로 싸울 것인가?'를 말합니다. 본인이 가진 무기를 정의하고 그 무기를 가장 효과적으로 써먹을 수 있는 곳에서 싸우라는 거죠. 현재 사업을 분석하는 데는 포터의 분석 방법이 최고입니다. 하지만 미래에 어떤 사업을 해야 하는지는 제시하지 못하죠. 반면 핵심역량 이론가들은 핵심역량을 바탕으로 원하는 미래 신사업을 자신 있게 추진하라고 권합니다. 핵심역량이 부족하다면 다른 회사의 핵심역량을 빌려가면서라도 하라고 말합니다.

CJ는 어떻게 엔터테이먼트 사업에서 성공했는가

CJ는 1995년 SKG드림웍스에 3억 달러를 투자하면서 엔터테인먼트 사업에 진출했습니다. SKG드림웍스에서 SKG는 공동창업자인 영화 「조스」를 만든 스티븐 스필버그Steven Spielberg, 디즈니 애니메이션 사업을 총괄했던 제프리 카첸버그Jeffrey Katzenberg, 그룹 이글스와 너바나 등을 키운 데이비드 게펀David Lawrence Geffen의 이름에서 한 글자씩 따왔습니다. 회사 설립에는 총 20억 달러가 들었는데요. 공동창업자 셋이 1억을 냈고 은행에서 10억을 빌렸고 외부 투자자에게 나머지 9억 달러를 받았습니다.

당시 CJ의 이름은 제일제당이었는데 설탕과 밀가루를 만들던 회사였지요. 포터의 분석 틀로 전략을 수립하면 설탕 산업과 밀가루 산업만 열심히 분석하고 거기서 어떤 포지션을 취해 장기적으로 경쟁우위를 가져가는가 하는 그림만 그려질 뿐입니다. 하멜과 프라할라드의 이론을 따르면 어떨까요? 먼저 전략적 의도입니다. 엔터테인먼트 사업을 하고 싶다는 강력한 열망이 해당합니다. 하지만 설탕을 만들던 회사에 무슨 엔터테인먼트 사업의 핵심역량이 있겠습니까?

CJ는 SKG드림웍스 투자를 계기로 아시아 지역 영화 배급권을 받아냅니다. 핵심역량을 빌린 거죠. 스필버그 영화라면 무조건 팔리던 시대였으니 그 고객가치는 어마어마했지요. 또한 독점적 판권이니 경쟁적 차별화에 해당하죠. 확장가능성 측면에서는 이를 바탕으로 영화 제작과 멀티플렉스 상영관 건립 등으로 나아갑니다. 그 결실 중의 하나가 2020년 오스카상에 빛나는 봉준호 감독의 「기생충」입니다.

그렇다면 핵심역량 이론은 포터의 경쟁전략과 경쟁우위보다 우세한 걸까요? 그렇지 않습니다. 엔터테인먼트 사업에 뛰어들었으니 어떻게 사업을 전개해야 할지 알기 위해서는 영화산업, 배급산업, 극장산업 각각에 대해 5가지 산업경쟁요인 모델과 가치사슬을 적용해야 합니다. 결국 핵심역량 이론과 포터의 포지셔닝 이론은 상호보완 관계인 셈입니다.

3. Q&A

왜 기업의 내부 경쟁우위와 핵심역량이 중요한가

정구현 이 책의 이론적 기여가 경영전략을 산업조직론적 관점에서 자원기반 이론RBV으로 전환한 것이라고 하셨는데요. 좀 더 구체적으로 설명해주세요.

신현암 마이클 포터로 대표되는 산업조직론의 관점은 성장 점유 매트릭스Growth-share matrix로 대표됩니다. X축에 산업성장률, Y축에 시장점유율을 놓고 기업의 사업 포트폴리오를 그려서 스타, 캐시카우, 문제아, 퀘스천 마크로 표시하던 방식 아시죠? 그러니까 기업이 높은 수익성을 내려면 '성장 산업에서 유리한 시장 위치를 차지해야 한다.'라는 거죠. 이런 접근방법은 기업 내부에서 무슨 일이 일어나는지에는 큰 관심이 없었습니다. 말하자면 기업은 대개 비슷하다 보니 성과는 업종과 독과점력에 달려 있다고 본 것이죠. 주식시장에서 업종별로 주가가 같이 움직이던 시대와 비슷한 거죠.

그러나 자원기반 이론RBV은 기업이 가진 경쟁우위에 초점을 두는데요. 특히 경쟁우위를 가져오는 핵심역량에 집중합니다. 비록 산업이 침체기나 쇠퇴기에 접어들었다고 해도 경쟁력 있는 기업은 계속해서 평균 이상의 수익을 내고 성장한다는 것이죠. 이 책은 바로 기업이 시장에서 성공하기 위해서는 고객에게 가치 제안value proposition을 할 수 있는 핵심역량이 있어야 하고 그 핵심역량을 동태적으로 관리하고 강화해야 한다는 것을 지적하고 있는데요. 그야말로 기업의 내부 경쟁우위와 핵심역량의 중요성을 지적한 것이죠.

왜 1990년대 초반에 핵심역량 개념이 중요해졌는가

정구현 이 책이 등장한 시기는 1990년대 초중반인데요. 책의 등장 시기가 주요 이론에 영향을 미쳤을까요?

신현암 이 책이 출간된 1994년은 냉전이 끝나고 구공산권 국가들이 세계 시장경제에 편입됐던 시기인데요. 아울러 디지털 혁명이 본격화되던 시기이기도 했죠. 말하자면 1990년 초반은 제2차 세계대전 후에 가장 큰 전환기였던 겁니다. 이때부터 지금의 글로벌 분업체제가 본격화되기 시작했죠. 나이키나 애플 같은 많은 선도기업이 자기가 잘하는 직능(디자인, 기술, 브랜드)에만 집중하고 상당한 직능(생산이나 조립, 유통 등)은 아웃소싱하는 사업 형태는 핵심역량 개념을 받아들인 결과죠. 결국 시대적 변화로 인해 핵심역량 개념이 더욱 힘을 받았다고 정리할 수 있겠습니다.

5권

블루오션 전략

: 어떻게 자신만이 유일한 공급자인 시장을 만들 것인가

김위찬과 르네 마보안

1. 저자

김위찬과 르네 마보안

한국에서 태어난 김위찬 교수는 1970년대 후반에 미시간 대학에서 공부했습니다. 그리곤 같은 학교에서 교수로서의 커리어를 쌓기 시작하죠. 『블루오션 전략Blue Ocean Strategy』 공저자인 르네 마보안Renée Mauborgne 교수와도 1980년대 초반 미국 미시간대학교 경영대학원에서 스승과 제자로 만났습니다. 마보안 교수는 "학생 시절 들었던 김 교수의 첫 강의에 매료돼 학문적 동지의 길을 걷게 됐습니다."라고 술회합니다.

두 학자는 1990년대에 인시아드INSEAD로 적을 옮깁니다. 『하버드 비즈니스 리뷰』에 1990년대부터 정기적으로 기고해 왔는데요. 가치혁신 이론은 기존 마이클 포터의 차별화 이론을 보완하는 내용으로 주목받았죠. 연구에 연구를 거듭해 2005년 연구결과를 집대성한 단행본을 발간합니다. 바로 『블루오션 전략』인데요. 이 책은 하버드 대학교 경영대학원 출판사 사상 최고인 전 세계 100여 개국에 29개 언어로 번역 계약 기록을 세운 것으로도 유명합니다.

당시 한국을 방문했던 김위찬 교수는 이렇게 말했습니다. "사람들이 르네 마보안 교수와 저를 세계적인 경영 구루라고 치켜세워 주기도 하지만 저는 늘 '낮은 포복'을 하는 자세로 공부하는 학생일 뿐입니다." 이렇게 말한 이유가 무엇이었을까요? 그는 "유대인 경전인 『탈무드』에 보면 1학년을 철학자, 2학년을 교수, 3학년을 학생으로 비유합니다."라며 "학생이 가장 큰 지성"이라고 덧붙였습니다. 끊임없이 공부하는 자세로 살아가겠다는 그의 의지를 천명한 것이죠.

우리나라 출신이라 애정이 더 많습니다. 고향도, 출신학교도 궁금하죠. 어떤 기자가 고향이 어디냐고 물었습니다. 그러자 그는 "나는 촌놈일 뿐"이라고 잘라 말했죠. 김 교수는 평소에도 "생각과 사상이 중요하지 고향이나 출신학교가 왜 중요한지 모르겠습니다."라고 말했답니다. 다만 여전히 경상도 사투리로 대답하는 바람에 대충 고향 정도는 짐작이 갔다는군요.

김 교수는 "『블루오션 전략』이 세계적인 베스트셀러가 되면서 자신들이 너무 인기 있어 걱정"이라며 "요새 시쳇말로 방방 뜨고 있는데 이 때문에 오히려 경계심이 생깁니다."라고 말했습니다. 아울러 "책을 펴내기 전에는 세계 10대 경영대학원 석좌교수 중 책을 안 쓴 사람이 저밖에 없었습니다."라고 말한 뒤 "학계와 언론계에서 비아냥도 받았지만 시간을 두고 연구해 내용이 충실한 책을 출간해 다행"이라고 덧붙였습니다.

2017년에는 『블루오션 시프트Blue Ocean Shift』를 발간하여 다시 한번 블루오션 붐을 일으켰죠.

2. 핵심

자신만이 유일한 공급자인 시장을 만들어서 즐겨라

국내에 『블루오션 전략』이 출간된 것은 2005년입니다. 그해에 삼성경제연구소는 '그해의 히트상품'을 선정했는데요. 1위 청계천에 이어 2위에 『블루오션 전략』이 올랐습니다. 1990년대 말부터 2010년대 초반까지 매년 발표했던 순위에서 책이 이 정도 순위를 차지한 것은 전무후무합니다. 그만큼 선풍적인 인기를 끌었다는 얘기인데요. 굳이 책을 읽지 않았더라도 블루오션이 뭘 의미하는지는 대충 알고 있죠. 지금까지는 레드오션, 즉 경쟁자가 있는 시장에서 피 튀기는 싸움을 하고 있었는데요. 앞으로는 블루오션, 즉 자신만이 공급자로 존재하는 시장을 만들어서 즐기라고 하는 게 기본 뼈대죠.

제거	증가
업계에서 당연한 것으로 받아들이는 요소들 가운데 제거할 요소는 무엇인가?	업계의 표준 이상으로 올려야 할 요소는 무엇인가?
감소	창조
업계의 표준 이하로 내려야 할 요소는 무엇인가?	업계에서 아직 한 번도 제공하지 못한 것 중 창조할 요소는 무엇인가?

　블루오션에 나오는 대표적인 사례는 태양의서커스Cirque du Soleil라는 회사입니다. '동물이 등장하는 묘기를 없애고 예술적인 요소를 첨가해' 큰 성공을 거둔 것으로 알려져 있죠. 우선 이 대목에서 '없애고' '첨가해'를 유심히 살펴야 합니다. 블루오션을 이해하려면 두 저자가 강조한 ERRC를 이해해야 합니다. ERRC는 제거하다Eliminate, 감소하다Reduce, 증가하다Raise, 창조하다Create의 머리글자를 딴 것입니다.

태양의서커스는 경쟁을 멈춰 역으로 경쟁자를 이겼다

태양의서커스의 성공 사례를 ERRC 원칙에 따라 하나하나 살펴보죠.

첫째, '제거'입니다. 뭘 없앴을까요? 대표적으로 코끼리와 사자 등의 동물을 없앴습니다. 그전부터 동물보호론자들은 서커스를 동물 학대라고 비판해 왔습니다. 게다가 동물은 관리 비용이 많이 듭니다. 이름 있는 서커스단에는 코끼리가 최소 한 마리씩은 있는데요. 하루에 100킬로그램 이상을 먹기 때문에 식비가 만만치 않죠. 배설물도 골칫거리인 게 식사량에 물은 포함되지 않는데요. 배설물에는 수분 성분까지 들어가 있으니 먹은 양보다 더 많이 배설합니다. 서커스 무대에 동물을 배제함으로써 동물 학대 비난을 받지 않을 수 있었고 비용 절감 효과도 보았죠.

둘째, '감소'입니다. 서커스에서는 머리에 올려놓은 사과를 칼을 던져 맞추는 묘기를 선보이곤 하죠. 스릴이 넘치지만 사실 매우 위험하죠. 태양의서커스는 이렇게 위험한 스릴을 줄였습니다.

셋째, '증가'입니다. 태양의서커스는 무대를 독특하게 만들었는데요. 일반적인 서커스는 천막 내 공간에서 이루어지는데 태양의서커스는 주제에 따라 다양한 무대를 활용합니다. 라스베이거스 벨라지오 호텔에서 지금까지도 공연 중인 『오 쇼 O show』는 물을 주제로 합니다. 무대가 갑자기 땅으로 꺼지면서 물이 가득 채워집니다. 엄청난 크기의 수영장으로 변하는 거죠. 일반 공연보다 차원이 다른 무대를 선보임으로써 무대의 독특성을 높인 거죠.

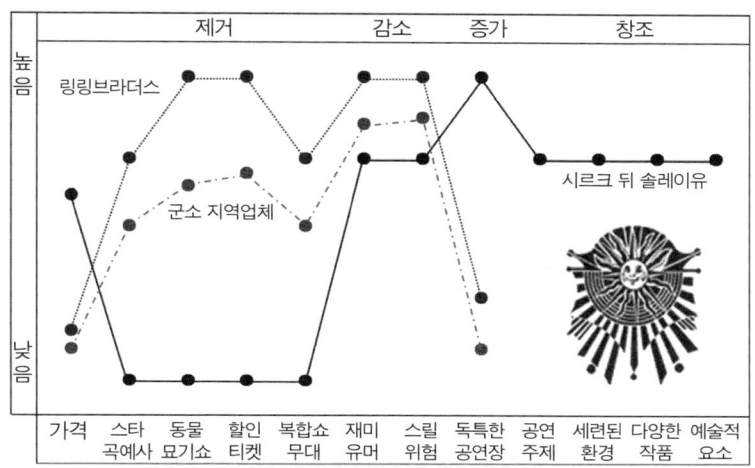

 넷째, 가장 중요한 '창조'입니다. 태양의서커스는 스토리, 뮤지컬, 아트의 요소를 입혔는데요. 그러다 보니 입에서 불을 뿜거나 외발자전거를 타는 묘기를 보여주는 기존의 서커스와는 완전히 다르죠. 공연료도 아주 비쌉니다. 오페라 한 편을 보는 금액이죠. 서커스라기보다는 고급예술을 감상하는 느낌이 듭니다. 그래서 태양의서커스는 서커스 산업을 문자 그대로 재창조 re-invent한 거죠.

 이렇게 변화된 모습을 한눈에 볼 수 있도록 만든 도표를 '전략캔버스 strategic canvas'라고 부릅니다.

블루오션은 새로운 시장 공간으로의 전략적 이동이다

태양의서커스의 성공요인을 한마디로 말하면 '경쟁을 멈춘 것'인데요. 경쟁자를 이기는 유일한 방법은 이기려는 노력을 그만두는 것입니다. 블루오션은 게임의 규칙이 정해져 있지도 않고 항해 지도도 없습니다. 그래서 앞으로 설명할 몇몇 분석 프레임워크가 도움이 됩니다.

블루오션의 분석 단위는 기업도 산업도 아니고 '전략적 이동 strategic move'입니다. 비즈니스 기회를 창출하기 위한 경영 실행과 결정을 말하는데요. 달이 차면 기울듯이 영원히 훌륭한 기업이나 산업은 없습니다. 전 세계 모든 기업의 벤치마킹 대상이었던 GE도 몰락했습니다. 1960년대만 해도 제당, 제분, 모직 산업의 우리의 핵심 산업이었죠. 현재의 산업에 안주하지 말고 전략적 이동을 통해 강력한 수익성장 궤도를 이끄는 블루오션을 창출해야 합니다. 1908년 T형을 출시한 포드, 1924년 감성적 스타일의 차를 출시한 GM, 1980년 세계 최초로 24시간 실시간 뉴스 방송을 시작한 CNN을 비롯해 스타벅스와 사우스웨스트항공 등 블루오션 창출 사례는 끝도 없이 많습니다.

이때 혁신과 가치를 동시에 고려해야 합니다. 혁신 없는 가치는 부분적으로 소규모 가치창출에 집중하기 때문에 시장 공간에 독보적 존재로 서게 하는 데는 불충분하죠. 반면 가치 없는 혁신은 기술 위주여서 지나치게 미래지향적이 되기 쉽습니다. 고객이 가격을 지불할 수 있는 수준을 초과하면 시장성이 없다는 점을 유념해야 합니다.

어떻게 블루오션 전략을 체계적으로 수립할 것인가

블루오션 전략을 수립하려면 다음의 4가지 원칙을 놓쳐서는 안 됩니다. 먼저 블루오션을 찾는 방법입니다. 6가지 방법 위주로 탐색해보면, 블루오션 발굴에 드는 시간을 줄일 수 있습니다. 수치가 아니라 큰 그림에 집중해야 제대로 된 기획을 할 수 있습니다. 숫자에 매몰되다 보면 전형적인 틀을 깨고 새로운 그림을 그리기 힘듭니다. 기존에 있는 분석틀에 숫자를 넣게 마련이죠. 그럼 새로운 그림이 안 그려집니다. 상대방의 고객을 빼앗아 온들 시장 파이가 늘어날 리 없습니다. 상대방도 다시 고객을 뺏으려 하죠. 가격 싸움만 남고 모두 망하는 길로 갑니다.

우리 제품이나 서비스를 사용하지 않았던 고객을 어떻게 사용하게 만들 것인가의 관점에서 접근해야 합니다. 좋은 블루오션 후보

블루오션 전략 체계화 원칙	각 원칙이 약화시키는 리스크 요소
시장경계선을 재구축하라	↓ 탐색 리스크
수치가 아니라 큰 그림에 포커스하라	↓ 기획 리스크
비고객을 찾아라	↓ 규모 리스크
정확한 전략적 시퀀스를 만들어라	↓ 비즈니스 모델 리스크

를 찾았더라도 비즈니스 모델로 연결되지 않으면 무용지물입니다. 새롭게 발굴한 제품·서비스에 대해 구매자가 효용성을 느끼는지, 가격은 어느 정도가 적당한지, 그 가격에서 이익을 낼 수 있는지를 검토해야 합니다.

원칙 1: 시장경계선을 재구축하라
대안이 될 만한 다른 산업을 탐색

이른 아침에 어떤 도시의 호텔에서 미팅이 잡혔다고 가정해보죠. 그 시간을 맞추려면 어쩔 수 없이 그 전날 밤에 그 도시에 도착해야 합니다. 바쁜 사람 입장에선 가장 아까운 게 시간인데 어쩔 수 없이 낭비하는 거죠. 자가용 비행기를 타는 방법이 있지만 그러기엔 비용이 만만치 않죠.

여기서 힌트를 얻은 회사가 넷젯Netjets입니다. 다른 산업을 둘러보니 콘도미니엄이란 모델은 여러 명이 공동으로 돈을 내고 성수기와 비수기에 며칠 이용할 수 있었습니다. 넷젯은 16명이 공동으로 한 대의 비행기를 일정 시간 사용할 수 있는 모델을 만들었죠. 실제 퍼스트 클래스로 이동하는 것보다 비용이 절반밖에 들지 않는다고 해요. 물론 호텔 투숙비를 포함하는 경우겠지만요. 타 업종인 콘도미니엄 운영방식에서 얻은 아이디어를 적용해 일반 비행기를 타는 비용과 자가용 비행기의 이동 용이성을 결합한 것이죠.

같은 산업 내 전략집단을 관찰

커브스Curves라는 여성 전용 헬스클럽을 아시나요? 여성 중에는 체육관에 가서 운동하고 싶은데 비용도 비용이지만 남성의 눈길이 싫어서 안 가는 사람도 꽤 있는데요. 반면 집에서 운동하자니 작심삼일이 되기가 쉽죠. 러닝머신을 빨래걸이대로 활용하는 집이 흔하다고 하는데요. 그래서 커브스는 저렴한 비용으로 남성의 눈길에서 해방되어 운동할 수 있는 공간을 만들었습니다. 이곳은 남성Men, 메이크업Makeup, 거울Mirrors 이렇게 3개의 M이 없다고 하는데요. 가격도 일반 헬스클럽의 40% 수준입니다. 전 세계에서 가장 히트한 이 운동 공간은 동종산업 내의 전략적 그룹, 즉 헬스클럽 이용자와 집에서 운동하는 사람의 장점을 모아 블루오션을 창출한 사례죠.

만년필 모양의 당뇨병 치료 주사

최종 사용자의 니즈를 파악

　제약회사 노보노르디스크Novo Nordisk의 당뇨병 치료 주사 사례도 흥미롭습니다. 당뇨병 치료제 시장은 의사가 좌지우지했습니다. 그러다 보니 제약회사는 의사와의 관계를 중시 여겼습니다. 그런데 정작 당뇨병 치료 주사를 맞는 사람은 의사가 아니라 환자죠. 그래서 노보노르디스크는 환자의 입장에서 생각했을 때 크게 두 가지의 불편함이 있다는 걸 알게 됩니다. 하나는 주사를 놓을 때 마약 환자가 마약을 투여하는 것 같은 느낌이 든다는 점이었고요. 또 하나는 환자가 직접 주사를 놓다 보니 투여량을 조절하기 힘들다는 점이었죠. 여기서 착안해서 만년필 모양으로 투여량을 정확히 조절할 수 있는 제품을 만들었죠. 이 제품으로 노보노르디스크는 당뇨병 치료제 시장의 최강자에 오르게 되죠.

보완할 부분(제품 또는 서비스)을 검토

　고객이 현재 사용하는 제품이나 서비스에 만족하는지, 어떤 점을 아쉽게 느끼는지 찾아보는 건데요. 예를 들어 극장에서 보고 싶은 블록버스터 영화가 곧 개봉합니다. 그런데 영유아 자녀가 있는 부부는 극장을 갈 수가 없습니다. 배우자만 떼놓고 혼자 가기엔 미안하고 그렇다고 아이를 데리고 극장에 들어갈 수도 없습니다. 만약 베이비 시팅 서비스를 극장에서 제공한다면 어떨까요? 영화관 업계의 전통적 인식 때문에 이러한 보완적 서비스는 아직도 영화관 산업의 경계 바깥에 있습니다. 자기들의 일이 아니라고 여기지만 블루오션을 창출할 기회가 될 수 있겠죠.

필립스는 영국에서 차를 끓일 때 가장 큰 문제는 주전자 자체가 아니라 물이라는 점을 발견합니다. 그런데 물이 끓을 때 주전자에 남아 있던 석회가 새로 우려낸 차에서 나왔지요. 핵심은 수돗물에 들어 있는 석회였는데요. 영국인들은 집에서 차를 마시기 전에 석회 찌꺼기를 티스푼으로 건져내야 했죠. 찻주전자 산업에서 물은 업계의 문제가 아니었고 공공 수돗물을 공급하는 다른 산업계의 문제였죠. 필립스는 물을 따를 때 석회질을 효과적으로 거르는 필터를 주전자에 부착했습니다. 그러자 고객들이 오래된 주전자를 필터가 부착된 새 주전자로 교체하였습니다. 업계는 다시 강력한 성장 궤도에 들어설 수 있었죠.

감성재는 기능적 시각으로, 기능재는 감성적 시각으로 바라봄

일반적으로 미용실과 이발소는 감성재로 보는데요. 일본의 퀵뷰티하우스QB는 이를 기능재로 바라보았습니다. 기존의 미용실이나

퀵뷰티하우스

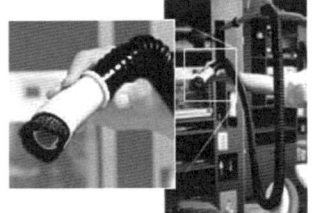

Air Washer
QB HOUSE uses air washer to clean up the cut off hair instead of shampooing.

이발소는 어깨 안마와 차나 커피 등을 서비스로 제공했고 모발 특별 관리 프로그램도 있었죠. 1시간 대기는 기본이고 2000년 당시 가격이 5만 원이나 했습니다. 퀵뷰티하우스는 감성적 요소를 버리고 기능성으로 승부했습니다. 각종 서비스와 모발 특별 관리 프로그램을 생략하고 대기시간은 10분 이내이고 가격은 1만 원으로 승부했죠. 헤어 커트 이외에 모든 것을 버린 겁니다. 샴푸도 생략했죠. 커트 후 잔털은요? 여기서 신의 한수가 등장합니다. 진공청소기와 비슷한 에어 워셔air washer로 잔털을 빨아들입니다.

다른 예를 하나 더 보죠. 시멘트는 기능재죠. 시멘트에서 감성을 찾는다는 건 좀 어색합니다. 그런데 멕시코의 시멘트 회사인 세멕스Cemex는 감성을 불어넣는 데 성공합니다. 멕시코 사람들은 마을 축제, 세례식, 결혼식 등에 여윳돈을 사용하는데요. 그렇게 하지 않으면 거만하고 타인을 존중하지 않는 것처럼 인식되기 때문이죠. 멕시코에서는 시멘트로 지은 집을 갖는 것이 많은 사람의 꿈입니다. 그런데 대부분의 가난한 사람들은 건자재를 구입할 만큼 충분하게 저축할 수 없었죠. 세멕스는 탄타스라는 일종의 계를 활용하기로 합니다. '오늘날의 유산patrimonio hoy'이라는 이름으로 70주간 매주 120페소(약 3,000원)씩 내는 70명의 사람으로 팀을 구성합니다. 계를 타는 사람은 현금이 아니라 새 방을 짓는 데 필요한 건자재를 받습니다. 시멘트 배달 후 효과적으로 방을 증축하는 방법도 교육했죠. 경쟁자가 시멘트 포대를 팔 때 세멕스는 자금조달과 건축 노하우를 포함한 꿈을 판 것이죠.

시간의 흐름을 주의 깊게 바라봄

모든 산업은 시간의 흐름에 영향을 받습니다. 소위 트렌드의 부상과 소멸이죠. 인터넷의 급부상, 환경보호 추세 등 내용은 다양합니다. 이런 트렌드가 고객가치를 어떻게 변화시키고 기업의 비즈니스 모델에 어떤 영향을 미치는지를 판단해야 합니다.

애플은 1990년대 말 음원 파일 불법 다운로드 현상을 관찰합니다. 음반 회사들은 이를 막기 위해 투쟁까지 벌였으나 불법 CD와 불법 음악파일 다운로드 시장은 계속해서 규모가 커졌는데요. 당시는 CD에서 음원으로 수요가 넘어가고 있었습니다. 그런 불법과 합법의 싸움이 치열한 추세에서 애플은 아이튠즈iTunes를 선보입니다. 20만 곡 무료 검색, 30초 샘플 무료 청취, 한 곡만 다운로드 가능 등 트렌드에 딱 맞는 서비스를 선보여 시장을 석권할 수 있었죠.

아이튠즈

원칙 2: 큰 그림에 포커스하라

복잡한 숫자놀음과 알아듣기 힘든 전문 용어에 허우적대며 운영상의 세부 사항에 집착하면 안 됩니다. 대신 자신들의 주요 관심사를 큰 그림에 집중해야 하는데요. 바로 '전략 캔버스Strategy Canvas'를 그려보는 겁니다.

전형적인 전략 기획을 생각해보죠. 현재 산업 조건과 경쟁적 상황 등등을 장황하게 나열하죠. 그다음 시장점유율을 어떻게 올릴지, 새롭게 세분화된 시장은 어떻게 개척할지, 비용감축은 어떻게 할지 토론이 이루어지고요. 여기서 새로운 목표와 이들 달성하기 위한 초기 아이디어가 등장하죠. 총예산과 함께 지나치게 많을 정도의 그래프와 엑셀 시트가 첨부됩니다. 정신이 없을 지경에 이르죠. 경영진은 혼란 속에 머리가 마비될 지경에 이릅니다. 직원들은 회사의 전략이 무엇인지 제대로 알지 못하죠.

그래서 숫자보다는 전략 캔버스에 큰 그림을 그려야 합니다. 현재as is의 전략 캔버스를 작성해서 경쟁사와 비교해보세요. 그럼 비슷한 그림이 그려지겠죠. 그다음 현재 전략에서 어떤 부분을 수정해야 할지 생각해봅니다. 〈원칙 1〉에서 설명한 블루오션 창출 방법을 염두에 두고 현장에 나가봅니다. 그러면서 어떤 요소를 제거, 감소, 증가, 창조할지 고민해봅니다. 현장 조사를 통해 얻은 통찰력을 기반으로 미래to be 전략 캔버스를 그려봅니다. 그러면 지금의 우리 모습과 지금의 경쟁자 모습과 차별화된 전략 캔버스가 그려지겠죠. 이 한 장짜리 그림이 여러분의 회사가 지향해야 할 방향입니다.

원칙 3: 비고객을 찾아라

상대방 고객을 우리 고객으로 만드는 것은 레드오션 전략입니다. 반면 아무 데도 고객이 아니었던 사람을 고객으로 만드는 것은 블루오션 전략이죠.

캘러웨이는 '왜 스포츠 애호가가 골프를 선택하지 않는가?'라는 질문에서 출발했습니다. 비고객이 골프를 피하는 이유는 골프공을 제대로 맞추기가 어려워서 배우는 데 오랜 시간이 소요된다는 점을 파악합니다. 결국 근본 원인은 작은 클럽헤드에 있다고 판단한 거죠. 그래서 탄생한 골프채가 빅버사big bertha입니다. 대성공을 거두었죠.

저자는 비고객을 찾는 방법도 3가지가 있다고 이야기합니다. 한

번 살펴볼까요?

① 조만간 고객이 될 가능성이 있는 계층

영국 패스트푸드 체인인 프레타망제PRET A MANGER는 조만간 고객이 될 가능성이 있는STB, Soon-To-Be 고객층을 집중적으로 관찰했습니다. 그 결과 이들에게는 '빠른 시간에 신선하고 건강에 좋은 식사를 합리적인 가격에 원한다'는 공통점이 있음을 발견했죠. 깔끔한 매장과 고객 동선의 단축(탐색-픽업-지불-떠남), 매일 배달되는 전략을 구사한 결과 조만간 고객이 될 가능성이 있는STB 층에 속했던 수많은 고객으로부터 수요를 창출할 수 있었습니다.

② 의식적으로 다른 시장의 제품을 구매하는 계층

JC드코JCDecaux는 옥외광고 전문 회사는 의식적으로 다른 시장의 제품을 구매하는Refuse 계층을 집중적으로 관찰했습니다. 20여 년 전만 해도 사람들은 TV 등 4대 매체의 힘을 신봉했지요. 옥외광고는 별로 효과가 없다고 본 것입니다. 하지만 JC드코는 25년간 독점적으로 버스 정류장 등 다양한 공간을 옥외광고로 활용할 수 있는 권리를 따냈지요. 요즘 버스 정류장에서 버스 기다릴 때 주변에 보이는 광고판이 전부 JC드코 겁니다. 버스 기다리고 있다 보면 자연스럽게 눈길이 갑니다. 강력한 광고 회사로 성장할 수 있었음은 두말할 필요가 없지요.

③ 구매 대상으로 전혀 생각하지 않는 계층

현재 시장에서 존재하는 제품과 서비스를 구매 대상으로 전혀 생각하지 않는Unexplored 계층은 업계의 기존 고객으로부터 가장 멀리 떨어져 있습니다. 지금까지 업계가 한 번도 목표 고객으로 삼지 않았거나 심지어 잠재 고객으로도 고려된 적도 없었지요. 사례를 볼까요?

해군, 해병대, 공군이 필요로 하는 비행기의 핵심 성능은 모두 다릅니다. 해군은 함대 갑판 착륙 과정의 부담을 충분히 이겨낼 만한 견고함, 해병대는 수직 이착륙 기능, 공군은 스텔스 기능을 중시했습니다. 특성에 맞는 비행기를 각각 개발하다 보니 비용도 많이 들고 그만큼 가격도 비쌌습니다. 록히드 마틴Lockheed Martin은 필수 기능을 공통으로 넣고 나머지 기능을 과감히 삭제해 육해공 공용 비행기를 만들었습니다. 전투기 한 대의 가격을 1억 9,000만 달러에서 3,000만 달러로 떨어뜨림으로써 새로운 시장을 창출했지요.

원칙 4: 정확한 전략적 시퀀스를 만들어라

블루오션 전략을 수립할 때는 구매자 효용성, 가격, 비용, 도입의 순서로 수립해야 합니다. 이 순서가 흐트러지면 안 됩니다.

21세기 초반 미국에는 500여 개의 자동차 회사가 난립했는데요. 주로 부자를 위한 맞춤형 자동차를 생산했죠. 그중에는 뒷자리에 고대기가 설치된 자동차도 있었습니다. 당시 포드는 '주말 나들이용'이 아니라 '일상용'이라는 효용성을 고객에게 제공합니다. 내

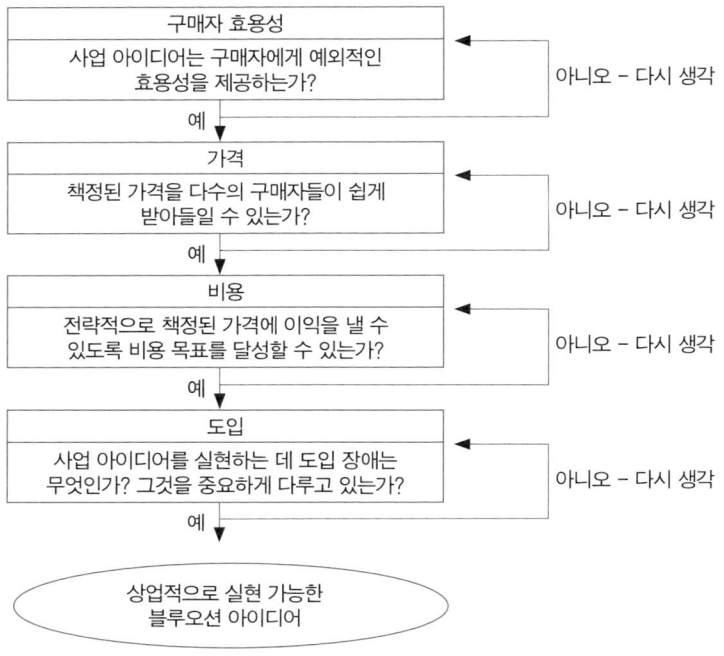

구성이 중요했고 운전도 쉽게 배울 수 있어야 했죠.

고객이 효용성에 반응한다면 그다음은 가격입니다. 당시 부자를 타깃으로 한 차는 1,500달러이고 마차는 400달러 정도였습니다. 포드 T형 자동차는 850달러였지만 여전히 마차보다는 비쌌죠. 그래서 가격을 엄청나게 낮추어야 한다고 판단하고 290달러까지 내립니다. 그렇다고 손해 보고 팔 수는 없지 않겠죠. 그래서 책정된 가격에 이익을 낼 수 있도록 비용 목표를 설정합니다. 그래서 탄생한 것이 컨베이어 벨트로 작동되는 혁신적 조립라인이죠. 차 한 대를 만드는 데 과거에는 숙련공이 수작업으로 21일 만에 생산했다면 새로운 시스템으로는 일반 노동자가 한 가지 업무에 집중해서 4일 만에 생산합니다.

그래서 구매자 효용성, 가격, 비용의 순서로 장애들을 넘어야 합니다. 실현가능한 블루오션 아이디어는 이런 과정으로 만들어집니다.

3. Q&A

경쟁전략과 블루오션 전략의 차이점은 무엇인가

정구현 2장의 『마이클 포터의 경쟁전략』에서 포터의 전략은 성을 높이 쌓고 해자를 파놓고 적이 성을 쉽게 공격하지 못하게 한다는 인상이 강합니다. 시장에서 독과점적인 위치를 확보하라고 강조하고 있죠. 반면 블루오션 전략은 경쟁이 없는 시장을 창출하라는 메시지입니다. 경쟁이 없는 시장을 만든다는 것은 참 매력적인 아이디어로 보이는데요. 두 개념이 어떻게 다른가요?

신현암 본질적으로 경쟁을 피하라는 메시지는 같습니다. 경쟁전략이라고 해서 경쟁을 잘하자는 게 아니라 독과점을 형성하자는 거죠. 즉 경쟁을 없애자는 말입니다. 둘 다 경쟁을 없애자는 건데요. 그 방법으로 포터는 자사의 가치사슬을 분석해서 원가우위 또는 차별화 포인트를 찾아 강조하라고 했고 블루오션 팀은 좀 더 다양한 방법론을 제시합니다.

흥미로운 점은 모두 사우스웨스트항공을 모범 사례로 들었는데요. 포터는 차별화 관점에서 해석했고 블루오션 팀은 ERRC 관점에서 해석했습니다. 블루오션을 창출하는 단계별 접근으로 캘러웨이 사례에서 보듯 비고객을 고객으로 만들라는 메시지 등은 매우 참신하다고 봅니다.

실제로 시장에서 경쟁을 무의미하게 만들 수 있는가

정구현 그런데 사실은 경쟁이 없는 시장은 없거든요. 태양의서커스도 이런 방식을 모방하는 회사가 생겼겠죠. 어떤 모델이 성공하면 금방 따라 하는 경쟁사가 생기죠. 그런데 저자들은 '경쟁을 무의미하게 만든다make the competition irrelevant'라고 책의 부제를 달았거든요. 어떻게 생각하시나요?

신현암 시간 개념을 넣으면 쉽게 이해할 수 있을 것 같습니다. 단기적으로는 경쟁을 무의미하게 만들지만 중장기적으로는 경쟁자가 등장하죠. 애플, 테슬라, 월마트, 아마존을 보면 경쟁자가 없는 것처럼 보입니다. 하지만 1990년대에 마이크로소프트MS, 1930년대에 GM, 1900년대에 포드가 그러했거든요. 결국 시간이 지나면 세상의 흐름이 바뀌고 기존의 전략에 균열이 생기게 마련입니다. 그래서 저자들도 끊임없이 전략적 이동strategic move을 하라고 강조하고 있죠.

6권

혁신기업의 딜레마

: 어떻게 성공요인은 장기적으로 실패요인이 되는가

클레이튼 크리스텐슨

1. 저자

클레이튼 크리스텐슨

구창선. 클레이튼 크리스텐슨Clayton Christensen 교수의 한국 이름입니다. 그는 몰몬교도로서 1971년부터 2년간 춘천과 부산에서 선교사로 활동했습니다. 지역 주민들이 크리스텐슨이란 발음을 힘들어하자 한국 이름을 지은 것이죠. 대학 시절 중 2년을 휴학하고 한국을 방문한 덕분에 한국어도 유창하고 그만큼 한국 사랑도 대단했죠.

몰몬교도의 집안에서 태어난 탓에 형제가 많습니다. 8남매의 둘째니까요. 1970년에 고등학교를 졸업했는데요, 하버드, 예일, 그리고 브리검영 대학교로부터 합격통지서를 받습니다. 하버드, 예일은 명문이죠. 반면 브리검영은 30위권 밖에 있습니다. 하지만 브리검영은 몰몬교의 대학교입니다. 크리스텐슨은 주저 않고 브리검영을 선택합니다. 이 학교에 입학하면 1,2학년 때 선교를 떠나는 것이 일반화되어 있습니다. 그래서 우리나라와 인연을 맺은 것이죠. 순위가 낮다고 해서 별 볼 일 없는 대학이 아닙니다. 종교적 신념이 뚜렷하면서 똑똑한 젊은이가 많이 입학합니다. 한때 미국 대통령 후보로 나섰던 밋 롬니Mitt Romney 상원의원, 나중에 하버드 비즈니스 스쿨 학장이 되는 킴 브라이스 클라크Kim Bryce Clark가 모두 학과 동료였으니까요.

대학 졸업 후 BCG 근무했고 전자부품회사 대표 등을 맡으며 이력을 쌓습니다. 그 후 하버드대학교에 돌아가 1992년에 늦깎이 박사가 되는데요. 교수로서 인생을 시작하고 불과 6년 만에 정교수가 되는 기염을 토합니다. 이 초고속 승진의 계기가 된 것이 1995년에 내놓은 파괴적 혁신disruptive innovation 이론입니다. 이 이론이 1995년 『하버드 비즈니스 리뷰』에 게재되면서 '경영학의 한 획을 그었다.'라는 평가를 받게 되죠.

2020년 1월 평소 앓고 있던 소포럼프종으로 인해 세상을 떠납니다. CNN은 이날 "크리스텐슨 교수는 실리콘밸리의 경전을 집필한 인물"이라며 "그가 쓴 파괴적 혁신 이론은 아마존 창업자 제프 베이조스Jeff Bezos가 꼽은 최고의 서적이고 스티브 잡스 애플 창업자도 살아생전 스스로 '깊은 영감을 받았다.'라고 말했을 정도"라고 애도했습니다.

2. 핵심

성공요인이 장기적으로는 실패요인이다

많은 경영서가 성공한 기업의 원인을 분석합니다. 고객 만족을 뛰어넘어 고객을 감동시켰다, 산업 내에서 포지셔닝을 잘했다, 핵심역량을 잘 파악하여 그쪽으로 사업을 확장했다 등 다양한 이론을 만들어냈습니다. 그런데 특이한 이론이 등장하는데요. 어느 기업이 성공했는데 바로 그 성공요인 때문에 실패한다는 거죠. 아무도 그런 생각을 하지를 못했기에 세상에 준 충격은 더욱 컸습니다. 바로 클레이튼 크리스텐슨 교수의 '파괴적 혁신disruptive innovation' 이론입니다.

파괴적 혁신, 혁신, 창조적 파괴. 좀 헷갈리는 세 가지 개념을 정리해보겠습니다. 조지프 슘페터Joseph Schumpeter는 "기업가가 행하는 끊임없는 혁신이 경제를 변동시킨다."라고 주장했는데요. 경제 발전을 이루기 위해 반드시 혁신이 필요하다는 거죠. 그러면서 기업가가 행하는 활동을 '낡은 것을 파괴하고 새로운 것을 창조하는 행위', 즉 '창조적 파괴creative destruction'라 정의합니다. 그는 혁신의 비연속성을 보았습니다. 마차에서 철도로 교통수단이 변할 때 마차 사업자 중 철도사업에 뛰어든 사람이 한 명도 없었다는 겁니다. 그러면서 혁신을 이끄는 것은 사업가가 아니라 기업가entrepreneur라고 갈파했습니다. 오늘날 시각으로는 가슴에 와닿는데요. 당시 시대적 상황은 그렇지 못했습니다. 그가 이러한 주장을 한 것은 1912년 『경제발전의 이론Theorie der wirtschaftlichen Entwicklung』에서였습니다. 경영학이 태어나기 전이었고(슘페터는 드러커의 부친이 아끼는 후배였습니다) 경제학 분야에선 수식으로 설명할 수 없는 것은 이론으로 여기지 않던 시절입니다. 경제학의 세계에서 조용히 잊혔죠.

그런데 크리스텐슨이 파괴적 혁신이란 개념을 내놓으면서 경영학계에서 혁신의 원조 개념으로 부활합니다. 디스트럽티브disruptive는 흔히 '파괴적'이라고 쓰지만 '교란적'으로 번역해야 원래의 뜻에 가깝습니다. 그의 연구는 컴퓨터 하드디스크 드라이브 산업에 대한 깊은 이해에서 출발합니다. 왜 굳이 드라이브 산업이었을까요? 그가 '왜 위대한 기업조차 실패하는가?'라는 질문의 해답을 찾으려 할 때 동료에게 이런 말을 듣습니다. "유전학을 연구하는 사람들은 인간을 연구하기 꺼리지. 30년 정도 지나야 한 세대가 바뀌기 때문에 원인과 결과를 이해하는 데 시간이 오래 걸리기 때문이야. 그래서 사람들은 하루 만에 잉태되고 태어나서는 금세 죽는 초파리 같은 것을 연구해. 비즈니스 세계에서 어떤 중요한 일이 일어나는지 알고 싶으면 디스크 드라이브 산업을 연구해봐. 이 시장에서 활동하는 기업은 유전학 연구의 초파리와 가장 유사하니까."

막상 연구해보니 초우량 기업들은 놀라우리만큼 서로 일치하는 공통점을 갖고 있었는데요. 고객의 말을 경청하면서 대응했고 고객의 욕구를 만족시키는 기술, 제품, 제조 능력에 공격적으로 투자해서 성공했다는 것이죠. 크리스텐슨은 좀 더 연구를 깊이 파고들었고 더욱 놀라운 사실을 찾아냈습니다. 정상까지 올라갔다가 쇠락한 원인은 다름 아니라 바로 그들을 정상까지 올려놓았던 요인, 즉 고객의 말을 경청하면서 대응했고 고객의 욕구를 만족시키는 기술, 제품, 제조 능력에 공격적으로 투자해서 실패했다는 것이죠. 도대체 이게 무슨 해괴한 일일까요? 성공요인과 실패요인이 같다니요! 그래서 크리스텐슨 교수는 책 제목에 딜레마라는 단어를 넣었습니다. 이러지도 저리지도 못하는 바로 그 딜레마입니다.

파괴적 혁신은 파괴적 기술로 나타난다

파괴적 기술을 이해하려면 그에 대비되는 개념인 존속적 기술sustaining technology도 함께 알아야 합니다. 존속적 기술은 기존 시장의 주류 기술입니다. 파괴적 기술disruptive technology은 기존 시장에

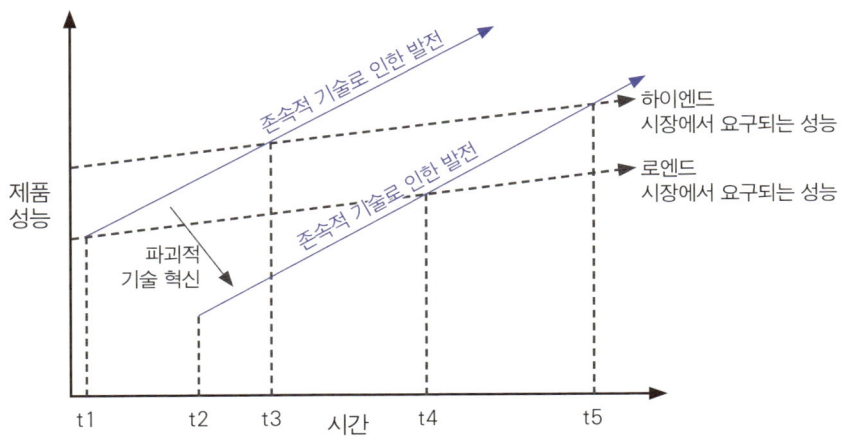

등장한 성능은 떨어지지만 상대적으로 가격이 저렴한 기술입니다. 기존 시장에서 하위 시장 쪽을 치고 들어오죠.

위의 그림을 보면 X축은 시간이고 Y축은 제품 성능입니다. 두 개의 실선이 있는데 서로 다른 두 개의 존속적 기술에 따라 성능이 나아지는 게 보입니다. 편의상 각각을 기술 A, 기술 B라고 하죠. 기술 B는 기술 A에서 배태되어 파괴적 혁신을 통해 새롭게 등장한 기술입니다. 두 개의 점선은 각각 하이엔드 시장과 로엔드 시장에서 요구되는 성능을 의미합니다. 문자 그대로 하이엔드가 좀 더 높은 성능을 요구합니다. 물론 가격도 그만큼 더 비쌉니다.

t1 시점에선 기술 A가 로엔드 시장의 요구 수준을 충족합니다. 제품이 팔리기 시작하는 거죠. t2 시점에선 기술 B가 등장합니다. 아직 시장의 요구 수준을 충족하지 못합니다. t3 시점에선 기술 A가 하이엔드 시장의 요구마저 충족합니다. 두 시장을 모두 장악합

니다. 기술은 거침없이 발전합니다. 굳이 시장에서 요구하지 않는데도 말이죠. t4 시점에선 드디어 기술 B가 로엔드 시장의 요구 수준을 충족합니다. 기술 A 제품보다 가격이 저렴하니 로엔드 시장의 고객은 기술 B 제품으로 갈아탑니다. t5 시점에선 기술 B가 하이엔드 시장의 요구 수준마저 충족합니다. 하이엔드 시장의 고객마저 기술 B 제품으로 갈아탑니다. 기술 A 제품은 시장에서 사라집니다.

어떻게 스마트폰은 디지털 카메라를 이겼는가

잠시 시곗바늘을 2007년으로 돌려봅니다. 이 해에 아이폰이 탄생했죠. 카메라 기능이 탑재되어 있었는데요. 오늘날과 같은 1억 화소가 아니라 그냥 "휴대폰으로도 사진이 찍히네?" 하며 신기해할 정도였죠. 당시 존속적 기술은 기존 디지털 카메라 기술이고 파괴적 기술은 스마트폰 카메라 기술입니다. 초창기 휴대폰 카메라 기술은 단순 기록용 수준이었습니다. 기존 시장에서도 별 관심을 두지 않았죠. 그냥 장난감이나 오락 정도로 여겼습니다.

시간이 흘러 디지털 카메라 주류 기업들이 시장조사를 합니다. 이런 고객의 목소리가 압도적으로 들립니다. "해상도가 더 높았으면 좋겠어요. 멋진 사진 작품을 찍고 싶어요." 고객의 말을 경청하고 더욱 만족시키기 위해 매우 탁월한 기술의 제품을 만듭니다. 이게 중요합니다. 고객의 말을 너무 잘 듣다 보니 '굳이 이 정도까지

2007년에 아이폰이 출시됐다.

는 잘할 필요가 없는데.'라고 하는 수준까지 기술이 발전한 겁니다. 기술적으론 의미가 있으나 가성비 측면에선 그다지 매력적이지 않은 수준까지 말이죠.

반면 스마트폰은 어떻죠? 처음엔 장난감 수준이었지만 차근차근 기술을 발전시킵니다. 메일 송부 기능도 추가하면서 단순 기록용을 넘어 기념사진 화질 수준까지 화소를 높입니다. 가성비로 판단한다면 이젠 디지털 카메라가 아니라 스마트폰입니다. 전문가는 디지털 카메라를 쓰고 있지만 그 정도 수요만으로는 기존 시장을 주도하던 기업들이 사업을 영위하기가 힘들겠죠. 시장에서 지위를 상실하고 맙니다.

모든 산업에 '파괴적 혁신' 이론이 적용된다

애초 연구의 출발은 '하드디스크 드라이버 산업'이었습니다. 마치 초파리가 알 낳듯 기술 혁신 속도가 가파른 산업을 연구하기 위함이었죠. 여기서 파괴적 혁신의 존재를 발견합니다. 하지만 위대한 연구는 특정 산업이 아니라 모든 산업에 적용돼야 합니다. 그래서 기술 발전의 속도가 더딘 '굴착기 산업'을 연구합니다. 아울러 조립라인flow shop 산업이 아니라 연속 프로세스continuous process 산업에서도 적용가능성을 찾기 위해 '철강 산업'도 연구합니다.

굴착기 시장에서 파괴적 기술은 영국 기업인 JCB(JC 뱀포드)의

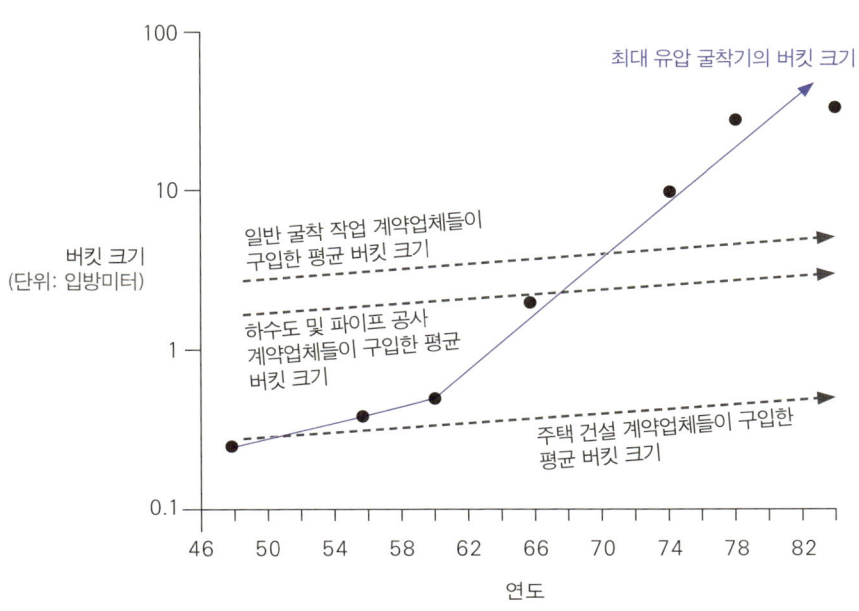

유압 기술hydraulics입니다. 그전까지 시장 내 주류기업은 케이블을 감고 푸는 방식으로 굴착기를 움직였는데요. 힘도 좋았고 360도 회전도 가능했죠. 반면 새로 나온 유압 굴착기는 힘도 약하고 회전 각도도 180도에 불과했습니다. 그런데 후발 주자인 유압 굴착기 업체들은 소형 산업용과 농업용 트랙터에 부착할 수 있는 굴착기를 만들어 팔기 시작했죠. 그러자 소규모 작업을 많이 해야 하는 건설업자가 좋아했는데요. 덩치가 크고 정교함이 떨어지는 기존 케이블 구동 굴착기로는 하기 어려워 일일이 수작업으로 처리하던 도랑 파기 등의 일을 쉬운 소형 트랙터에 달린 굴착기로 해낼 수 있었기 때문이죠. 그 후 유압 굴착기 업체들은 기기 성능을 강화해 시장을 잠식해 나갑니다.

앞의 그림에서 점선은 일반 굴착기 산업에서 버킷 크기의 변화입니다. 주택 건설에는 소형이 사용되고 노천 채굴과 같은 대형 건설사업에는 대형이 사용됩니다. 1950년부터 1980년까지 크기 변화는 거의 없습니다. 실선은 유압 굴착기의 버킷 크기입니다. 버킷 크기가 가파르게 성장하고 있죠. 1950년대에는 주택 건설 시장에서, 1970년대에는 대형 건설사업 시장에서 파괴적 혁신으로 작용했다는 걸 볼 수 있습니다. 결국 시장을 주도하는 데 20년이 걸린 거죠.

철강 산업의 제철 기술도 마찬가지입니다. 철광석을 녹여 철을 만드는 것이 기본인데요. 1960년대에 고철을 녹여서 철을 만드는 미니밀mini mill 제철 기술이 등장합니다. 물론 초창기 기술은 형편없었죠. 철강은 품질에 따라 리바에서 강판까지 용도가 다양합니

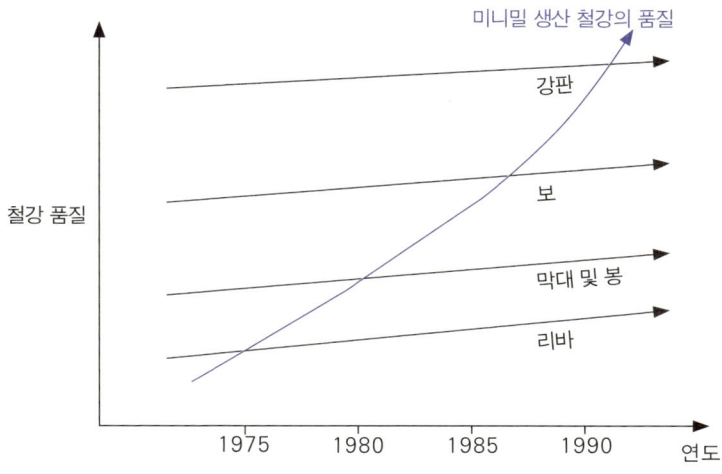

다. 리바는 콘크리트 보강용 철근입니다. 가격이 좌우하는 시장으로 고객충성도는 전혀 없습니다. 강판은 캔, 자동차, 가전 등 용도가 다양합니다. 표면에 결함이 없고 금속 성분이 고르게 분포돼야 합니다. 품질이 중요하죠. 위의 그림에서 보듯 미니밀 제철 기술은 1975년 무렵 리바 분야에서, 1990년대 초반 강판 분야에서 기존 제철 기술을 무너뜨리는 파괴적 기술로 자리잡습니다.

어떻게 조직을 설계해야 혁신이 가능한가

1. 본사에서 멀리 떨어진 곳에 별도 조직을 구축하라

경영자는 어쩔 수 없이 존속적 혁신을 추구해야 합니다. 고객, 투자자는 지금 하는 것이나 잘하라고 하지 미래에 대해서는 큰 관심이 없습니다. 그들은 파괴적 혁신이 등장하면 그쪽으로 떠나가면 그만이죠. 하지만 경영자는 다릅니다. 자신이 CEO로 근무하는 동안만 별 탈 없이 임기를 마치겠다고 한다면 자격이 없는 거죠. 미래를 보는 것이 CEO의 기본 책무입니다. 그래서 별도로 독립적인 조직을 만들어 파괴적 기술이 필요한 고객에 대응해야 합니다.

IBM은 대형 컴퓨터의 강자였는데요. 차세대 중형컴퓨터 시장에 제때 대응하지 못해 DEC에 시장 주도권을 뺏깁니다. 다음 시장은 개인용 컴퓨터 시장이 되겠죠. IBM은 뉴욕 본사에서 멀리 떨어진 플로리다에 작은 조직을 설립합니다. 본사의 통제에서 벗어날 수 있도록 한 것이죠. IBM은 이 조직을 기반으로 개인용 컴퓨터 시장에서 주도권을 되찾아옵니다. HP는 기존 사업부에 레이저프린트 사업부를 만들고 워싱턴주의 별도 조직에 잉크젯 사업부를 만듭니다. 둘 중 하나가 죽더라도 상관이 없도록 조직을 설계한 것이죠.

2. 완벽한 계획보다 우선 실행하라

성공을 거둔 벤처 사업의 대다수는 실행을 중시합니다. 완벽한 계획이란 없다고 봅니다. 계획은 대충 세우고 일단 밀어붙입니다. 그래서 시장에서 무엇이 통하고 무엇이 통하지 않는지를 학습합니다. 최초의 사업 전략을 포기하거나 수정하면서 진행하는 거죠.

'뷰카VUCA 시대의 도래'라는 용어가 일상적으로 쓰입니다. 변동성Volatility, 불확실성Uncertainty, 복잡성Complexity, 모호성Ambiguity의

약자로 냉전 종식 후 미군이 사용한 용어인데 지금은 경영학의 용어로 자리잡았죠. 한마디로 미래를 예측하기 어려워졌다는 겁니다. 이럴 때일수록 신중한 계획을 세우기 전에 먼저 행동해야 합니다. 단, 항상 실패를 염두에 두기 때문에 모든 자원을 올인all-in하면 안 됩니다.

3. 어설픈 시장 예측은 포기하라

오토바이 시장에서는 혼다의 '소형 저가 엔진 제조 기술'이 파괴적 기술입니다. 일본의 혼다는 제2차 세계대전이 끝난 후 모터를 부착한 자전거motorized bicycle 업체로 출발했는데요. 자국 내에서의 성공을 발판 삼아 1950년대에 미국 오토바이 시장에 진출하죠. 그런데 별 성과를 내지 못합니다. 미국에선 오토바이가 장거리 운전용으로 쓰이는데요. 혼다 오토바이로 미국 고속도로를 오래 달리면 엔진에서 기름이 새거나 클러치가 금세 닳아버리는 단점이 있었죠. 혼다는 북미 진출 초반에 쓴맛을 본 뒤 전략을 수정합니다. 작고 귀여운 자사의 오토바이가 여가용으로 쓰일 때 진가를 드러낸다는 사실을 포착한 건데요. 소형 오토바이 시장은 사실 별로 먹을 게 없었습니다. 그러다 보니 할리데이비슨이나 BMW 등 기존 업체들은 별 관심이 없었죠. 바로 이 시장에서 비록 엔진 성능은 떨어졌지만 저렴한 가격과 '혼다를 타는 사람은 좋은 사람입니다You meet the nicest people on a Honda.'라는 광고로 선풍적인 인기를 끕니다. 소형 오토바이 시장에서 기술력, 자본, 인지도를 축적한 혼다

혼다 오토바이 광고

는 차츰 고가 오토바이 분야로도 영토를 넓히는 바람에 한때 할리 데이비슨을 휘청하게 만들기도 했죠.

혹시 이 대목을 읽으면서 고개를 갸우뚱하셨나요? 그렇습니다. 이것은 사실이 아닙니다. 위의 내용은 1975년에 작성된 하버드 비즈니스 스쿨에서 발표한 케이스입니다. 1984년 다른 교수가 혼다 직원을 인터뷰하며 '혼다의 성공은 우연에 의한 결과'라는 이야기를 듣게 되는데요. 소형 오토바이 시장은 '전략적으로 진출'한 것이 아니라 '우연히 발견'되었다는 겁니다. 미국 법인 영업사원들은 비용 절감을 위해 자동차 대신 혼다가 만든 소형 오토바이인 슈퍼커브를 타고 다녔습니다. 실적이 안 좋을 땐 일할 기분이 나지 않아 기분도 풀 겸 슈퍼커브를 타고 LA 동쪽 언덕을 달리는 거죠. 흙먼지 속을 달리고 나니 기분이 한결 좋아졌고 이후 동료들과 가끔 타곤 했습니다. 이를 본 동네 사람들이 어디서 구입할 수 있는지 물어보기 시작합니다. 이런 현상이 2년 동안 지속되는데요. 장거리 운전용은 계속 실패하는 가운데 여가용 오토바이 시장이 우연히 발견된 것이죠.

유통망도 그렇습니다. 기존 딜러들은 판매를 거부했죠. 멋진 대형 오토바이들 사이에 볼품없이 작은 오토바이가 놓여 있으면 매장 분위기를 망친다고 본 것이죠. 어쩔 수 없이 몇몇 스포츠 상품 딜러를 설득해서 그쪽으로 유통망을 확보했습니다. 광고 캠페인을 실행할 자본도 없었죠. 오토바이를 타본 경험이 있는 어떤 UCLA 학생이 광고 수업 리포트에 슬로건을 만들어 제출했습니다. 그 학생은 교수의 권고에 따라 아이디어를 광고대행사에 판매합니다. 그 광고대행사는 혼다에 그 광고를 사용하도록 설득했는데 대박이 날 줄은 아무도 몰랐던 거죠.

4. 파괴적 기술을 원하는 시장을 찾아라

1950년대 초반 소니 모리타 아키오盛田昭夫 회장은 저렴한 뉴욕 호텔에 머물고 있었습니다. AT&T의 과학자들이 1947년에 개발해 특허를 가진 트랜지스터 기술을 협상하기 위해서였죠. 그는 AT&T가 협상하기 쉽지 않은 업체라는 점을 깨닫고 반복적으로 방문해

소니 트랜지스터라디오 TR 55

라이선스를 달라고 요청하는데요. 거듭된 요청에 마침내 AT&T가 허락을 하며 묻습니다. "이걸로 무얼 할 건가요?" "소형 라디오를 만들 겁니다."라고 모리타는 답합니다. AT&T는 걱정 반 의구심 반으로 되묻습니다. "관심이 있을까요?" 그러자 모리타는 자신 있게 말합니다. "두고 보시면 압니다."

당시 주류 시장의 라디오 성능은 진공관이 뛰어났는데요. 트랜지스터라디오는 진공관 기반 탁상용 라디오보다 음질 재생 충실도도 낮았고 잡음도 많았죠. 하지만 소니는 연구실에서 성능 개발에 몰입하지 않고 시장을 찾아 나섰습니다. 그리고 휴대용 라디오라는 새로운 시장을 발견하고 휴대용 트랜지스터라디오로 시장을 석권하게 되죠.

5. 성능, 신뢰성, 편리성, 가격의 흐름을 읽어라

파괴적 기술은 보통 작은 시장에서 시작하지만 궁극적으로는 주류시장에 진입하게 됩니다. 제품 성능이 고객이 원하는 이상으로 개선되고 난 이후에는 더 이상 중요한 요소가 아닙니다(성능의 일반상품화commodity化). 이제 제품 선택의 기준은 신뢰성과 편리성을 거쳐 궁극적으로는 가격에 따라 움직입니다. 주류 고객의 제품 이용 동향을 면밀하게 파악해야 합니다. 그런 기업만이 자신이 활동하는 시장에서 경쟁 기반이 바뀌는 지점을 제대로 포착할 수 있죠.

3. Q&A

파괴적 혁신이란 무엇인가

정구현 저자는 파괴적 혁신을 상당히 좁게 정의합니다. 기존 시장에서 무시되는 로 엔드 고객low-end customer이나 비고객 집단non-user segment에게 어필하는 단순하면서 저가의 혁신, 요즘 말로 가성비 높은 혁신이라고 정의하고 있습니다. 그러면서 우버나 테슬라는 파괴적 혁신이 아니라고 주장합니다. 왜 이렇게 좁게 해석하는 거죠?

신현암 저자가 애초 생각해낸 개념에 집착하기 때문인데요. 그런데 다른 사람들은 '파괴'라는 단어에 매력을 느끼죠. 일반적으로 우버나 테슬라가 기존 시장을 파괴하고 새로운 시장을 창출했다고 말하는 것은 당연하죠. 다만 저자가 내린 고유한 정의에는 맞지 않습니다. 그래서 어떤 사람은 "크리스텐슨 교수가 파괴적이란 단어를 전세라도 냈는가?"라며 불만을 토로하기도 하죠.

왜 위대한 기업도 실패하는가

정구현 이 연구는 "왜 위대한 기업도 실패하는가?"라는 질문에 대한 답으로 제시되고 있습니다. "성공적인 기업이 지금 하는 것을 계속 더 잘하려고 하면 결국 엉뚱한 데서 경쟁자가 나와서 시장을 빼앗긴다."라는 점을 강조하고 있는데요. 성공과 실패의 원인이 같다는 것이 말이 되나요?

신현암 저자가 주는 메시지는 기존 고객의 니즈 추구를 끊임없이 하다 보면 과충족의 단계에 이른다는 겁니다. 그렇다면 기존 고객은 '굳이 이렇게까지?'라는 생각이 들겠죠. 더 중요한 것은 후발 주자의 기술이 주류 시장main stream의 호감을 얻을 만큼 성장하는가인데요. 앞서 그림에서 t4를 지나면서 로엔드 시장을 커버하고 t5를 지나면서 하이엔드 시장까지 장악하는데요. 현실은 t4까지만 도달하는 경우가 많습니다. 이럴 땐 파괴적 혁신이 일어났다고 얘기하지 않죠.

7권

디자인 씽킹 바이블

: 어떻게 분석사고와 직관사고를
다 활용할 것인가

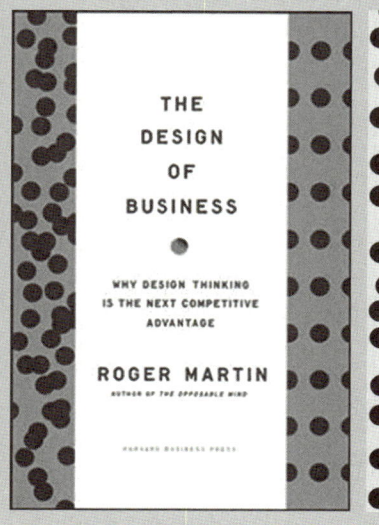

로저 마틴

1. 저자

로저 마틴

로저 마틴Roger Martin은 경영학 교수로 베스트셀러 작가이자 컨설턴트입니다. 캐나다에서 태어났으며 하버드대학교에서 경제학 학사와 MBA를 취득합니다. 그리고는 첫 사회생활은 모니터 컴퍼니Monitor Company에서 시작합니다. 모니터는 전략의 거장인 마이클 포터가 세운 컨설팅 회사죠. 1990년대 초반 피앤지P&G 세탁사업의 카테고리 관리자였던 A. G. 래플리A.G. Lafley와 모니터 컴퍼니의 전략 컨설턴트였던 로저 마틴은 피앤지 유통채널 관련 프로젝트를 수행하면서 평생의 동료가 됩니다. 그 후 래플리는 피앤지의 최고경영자가 되었고요. 마틴은 2017년 싱커스 50이 경영 구루 1위로 선정할 정도로 경영사상가로서 성공을 거듭합니다.

이처럼 돈독한 관계로 인해 그의 글나 저서에는 피앤지의 사례가 많이 들어 있습니다. 심지어 둘이 공저한 『승리의 경영전략Playing to Win』은 학계와 재계의 리더가 함께 저술했다는 점에서 큰 관심을 끌었죠.

로저 마틴은 2000년대 중반 50명이 넘는 탁월한 리더들을 인터뷰한 결과 완전히 상반된 두 가지 아이디어를 동시에 생각할 수 있는 성향과 능력을 갖추고 있다는 것을 밝혀냅니다. 대립하는 두 가지 선택안 중에서 하나를 선택하지 않고 새로운 차원에서 두 안의 장점을 모두 통합해내는 사고 능력을 보여주었다는 것이죠. 그래서 이를 통합적 사고Integrative thinking라고 불렀습니다. 이 개념을 좀 더 체계적으로 정리해서 디자인 싱킹Design thinking으로 발전시켰습니다.

이런 역량을 인정받아 1998년부터 2013년까지 로트만 경영대학원Rotman School of Management 학장을 지냈습니다. 그리고 현재는 로트만 경영대학원의 마틴경제발전연구소the Martin Prosperity Institute 대표를 맡고 있습니다. 아울러 전략, 디자인, 통합적 사고 분야에서 피앤지, 레고, 포드 등 여러 기업의 자문을 맡고 있습니다.

2. 핵심

디자인 싱킹이 투자수익률을 높인다

'디자인!' 하면 어떤 이미지가 떠오르시나요? 예쁘다? 아름답다? 우아하다? 대부분 시각적 이미지가 떠오르죠. 그런데 꼭 그런 것만은 아닙니다.

다음의 그림에서 X축은 디자인 성숙도이고 Y축은 투자자본수익률ROI을 나타냅니다. 디자인이 성숙해질수록, 즉 디자인의 가치가 올라갈수록 투자수익률이 높아진다는 뜻이죠. 디자인에는 5단계가 있습니다.

1단계: 스타일

그림의 예쁜 병은 친환경 주방용 세제인 메소드method인데요. 친

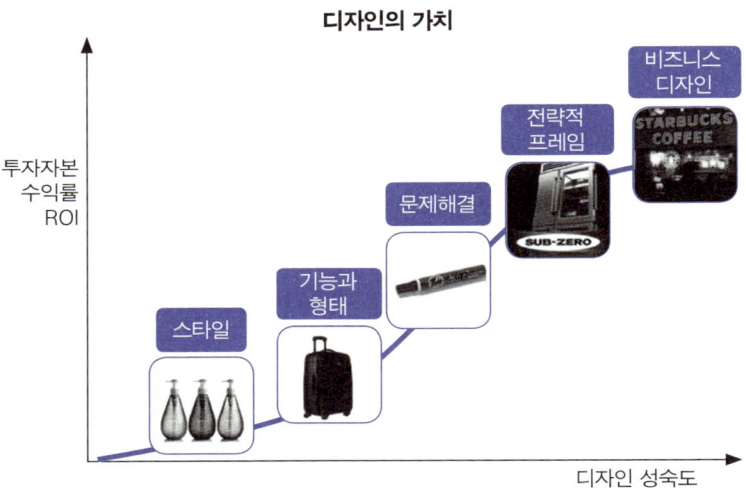

환경도 좋지만 디자인이 예뻐서 많이 팔립니다. 카림 라시드Karim Rashid의 작품으로 유명한 디자인이죠.

2단계: 기능과 형태

디자인 분야에는 "형태는 기능을 따른다form follows function."라는 말이 있습니다. 기능을 생각하고 그에 걸맞은 형태로 디자인하는 단계죠.

3단계: 문제해결

타이드Tide는 무엇이든지 하얗게 만들어준다는 세제로서 자리매김해 왔죠. 하얀 와이셔츠를 세탁할 땐 타이드를 쓰라는 거죠. 그런데 때로는 외출했다가 혹은 식당에서 옷에 뭔가 묻어 낭패를 보는 일이 있는데요. 그렇다고 옷을 벗을 수도 없죠. 그래서 등장한 제품이 '타이드 투 고tide to go'입니다. 곤혹스러운 상황에서 문제를 해결해주는 제품이죠.

4단계: 전략적 프레임

그림에 등장한 냉장고는 서브제로Sub-Zero입니다. 전략적 프레임을 이렇게 설정합니다. "다이아몬드가 돌이듯 서브제로도 냉장고입니다. 그러나 다이아몬드가 보통의 돌이 아니듯 서브제로도 보통의 냉장고가 아닙니다. 서브제로와 비교할 수 있는 냉장고는 없습니다." 냉장고계의 롤스로이스, 대당 가격 3,000만 원, 정전 시에도 음식물 상하지 않아, 농구황제 마이클 조던이 13대 보유 등 이 냉장고를 서술하는 문구는 많습니다. 슈퍼 리치들이 수긍할 만한 품질로 프레임을 설정해 성공을 거둔 것이죠.

5단계: 비즈니스 디자인

흔히 비즈니스 모델 디자인이라고 부르죠. 집, 사무실이 각각 제1의 공간, 제2의 공간이라면 스타벅스는 사업 초기 나만의 휴식처로서 제3의 공간을 제안해서 성공했습니다. 잠깐 머무르는 공간이 아니라 한 시간이고 두 시간이고 마음 편히 머무를 수 있는, 그래서 잠시나마 세상의 근심 걱정을 잊을 수 있는 그런 공간을 제안했죠. 물론 우리처럼 다방 문화가 발달한 나라에선 이미 그런 공간이 있으니 스타벅스의 성공요인이 가슴에 잘 와닿지는 않습니다.

지식 생산 필터를 이해해야 한다

이 책의 부제는 '왜 디자인 싱킹이 차세대 경쟁우위가 되는가Why design thinking is the next competitive advantage'인데요. 경쟁우위는 경쟁전략과 더불어 마이클 포터를 대표하는 단어죠. 그만큼 이 책은 전략적 사고에 초점을 맞추고 있습니다.

먼저 지식 생산 필터knowledge funnel의 개념을 이해해야 합니다. 지식 생산 필터는 미스터리mystery, 휴리스틱heuristic, 알고리즘algorithm으로 구성되는데요. 잠시 시곗바늘을 1950년대 미국 캘리포니아에 맞춰보죠. 1945년에 미국의 자동차 판매량은 7만 대에 불과했는데 1950년에 600만 대로 급격히 늘어납니다. 제2차 세계대전 이후 본격적인 마이 카 시대가 시작된 거죠. 맥도널드 형제는 '자동차를 소유하고 여가를 즐기는 캘리포니아 남부의 중산층은 무엇을 어떤 방식으로 먹고 싶어하는가?'라는 미스터리를 풀고 싶었습니다.

당시에는 드라이브인 방식의 레스토랑이 많이 있었는데요. 아무래도 해변이다 보니 부랑자들이 있었는가 봅니다. 그런데 차를 타고 온 가족 고객들이 부랑자들을 보고는 그냥 떠나는 경우가 많았다고 해요. 아울러 식당 주방에서 자동차까지 배달되는 동안 음식이 차갑게 식어버리는 것에 대한 불평 소리도 들렸죠. 맥도널드 형제는 관찰한 바를 토대로 '메뉴를 단순화한 퀵서비스 레스토랑'이라는 휴리스틱(의사결정 과정 단순화한 지침), 즉 경험 규칙을 사업화합니다. 바비큐 그릴을 없애고 메뉴를 25개로 줄입니다. 자동차 배

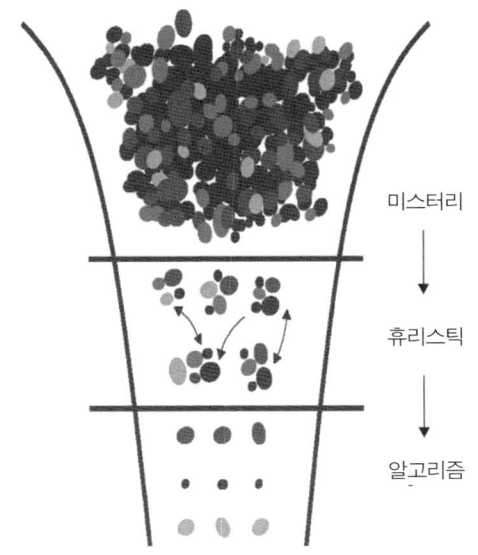

달을 없애고 서비스 창구에서 주문하고 픽업하도록 바꿉니다.

여기까지만 해도 잘한 건데 한 단계 더 나아갑니다. 맥도날드 형제로부터 프랜차이즈 권리를 받아낸 레이 크록Ray Kroc이 휴리스틱을 알고리즘으로 진화시킨 거죠. 그냥 고기를 잘 구우라고 하는 게 아니라 '45그램의 고기를 155도에서 38초간 익히세요.'처럼 모든 것을 명확히 만듭니다. 사실 서비스 업종은 상황에 따라 직원들이 자의적인 판단을 내릴 가능성이 농후하죠. 따라서 햄버거를 '정확히' 얼마나 오래 익히는가는 매우 중요합니다. 같은 방식으로 직원을 '정확히' 어떤 방식으로 고용하며 매장의 위치는 '정확히' 어떤 방식으로 프랜차이즈할 것인지 결정하는 것이 핵심인데요. 이것이 바로 알고리즘입니다. 애매하지 않게 명확히 표현하는 거죠.

탐색과 활용의 차이를 알아야 한다

이처럼 지식이 미스터리에서 휴리스틱으로 그리고 휴리스틱에서 알고리즘으로 진화하는 방식을 익스플로어explore, 즉 지식의 탐색이라고 표현합니다. 점프에 점프를 더하면서 더 높은 지식 단계로 이동하는 거죠. 반면 미스터리 단계, 휴리스틱 단계 등 각 단계 내에서도 조금씩 개선이 일어나는데요. 이를 익스플로잇exploit, 즉 지식의 활용(개발)이라고 표현합니다. 탐색과 활용은 전혀 다릅니다.

디자인 싱킹: 신뢰성과 타당성의 균형

"지금까지의 경영은 지나치게 활용에 치우쳐 있습니다. 여기에 탐색 개념을 더하여 중심을 맞추어야 합니다. 이것이 디자인 싱킹입니다."

저자가 책에서 주장하는 말입니다. 활용은 신뢰성의 세계입니다.

	탐색	활용
조직의 초점	비즈니스의 창조	비즈니스의 관리
최우선 목표	현재의 지식 단계에서 다음 단계로의 역동적 이동	현재의 지식 단계 내에서 지식을 조직적으로 가공하고 다듬기
원동력	직관, 느낌, 미래에 대한 가설, 독창성	분석, 추론, 과거의 데이터, 숙련도
목표 달성 시기	장기적	단기적
사업의 진행	불균등, 비체계적, 잘못된 출발과 큰 도약이 특징	계량화되고 세심하며 점진적인 단계를 거쳐 목표 달성
위험과 보상	높은 위험성, 불분명하지만 잠재적으로 높은 보상	최소한의 위험성, 예상이 가능하나 상대적으로 적은 보상
어려운 점	수익의 통합 및 개발 실패	비즈니스의 고갈 및 진부화

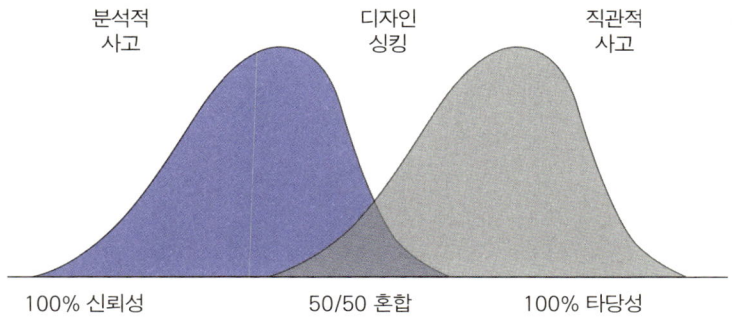

탐색은 타당성의 세계입니다. 신뢰성은 성공을 달성해온 관점, 지식, 방법론을 추구하는 것을 의미합니다. 반면 타당성은 새로운 가능성을 추구하는 것을 말합니다.

지금까지 사고방식이 주로 분석적이었다면 여기에 직관적으로 사고하기를 많이 넣자는 겁니다. 늘 하던 대로만 하지 말고 직관적 독창성을 넣어 역동적으로 상호작용하면서 균형을 이루자는 겁니다.

회의 중에 누군가가 멋진 아이디어를 냈다고 해보죠. 지금까지 세상에 없던 아주 그럴싸한 아이디어입니다. 그런데 높은 분이 "이 아이디어가 효과가 있다는 것을 어떻게 입증할 수 있을까요? 확신의 근거는요?"라고 묻습니다. 그럼 더는 진도가 나갈 수 없죠. 모든 새로운 아이디어는 미래의 사건들이 일어나고 난 뒤에만 그 정당성을 입증할 수 있습니다. 안 해봤으니 결과를 알 수 없죠. 반면 현대를 창업한 고 정주영 회장의 말 "임자, 해봤어?"는 정말 유명하죠. "해보지도 않고 안 된다, 못 한다, 어렵다고 이야기하는 이들이 있다. 해보지 않으면 어떤 일도 당연히 성공할 수 없다." 정 회장의 가르침입니다. 아마 진정한 디자인 싱킹의 대가가 아닌가 합니다.

블랙베리의 성공도 디자인 싱킹의 결과다

블랙베리의 성공도 디자인 싱킹의 결과입니다. 과거 노트북 사용자는 점점 더 작은 크기를 원했습니다. 하지만 생산자 관점에서 더는 줄일 수가 없었죠. 쿼리QWERTY 자판을 너무 작게 하면 모양이 어색하고 사용이 불편하죠. 화면은 작은데 많은 걸 보여주면 가독성은 떨어지고 어수선해진다는 논리인데요. 맞는 말이죠.

하지만 디자인 싱킹 관점에선 다르게 봅니다. '자판을 칠 때 손가락을 전부 다 써야 하는가?'라는 의문을 제기합니다. 그리고 엄지족의 효시가 되죠. 당시 양쪽 엄지손가락만으로 빠르게 자판을 치고 있으면 주위에선 부러움의 눈길로 그 당사자를 바라보곤 했었죠. 화면에 대해서도 '화면에 떠야 한다고 생각하는 정보가 정말

블랙베리

모두 필요한 건가? 오히려 방해되는 건 아닌가?'라고 질문합니다. 그리고 메시지에 제목, 보낸 사람, 내용의 첫 줄만 표기되도록 하죠. 바쁠 때는 이 정도면 충분하죠. 아니, 오히려 고맙죠! 이러한 과정을 거쳐 블랙베리는 대박 상품이 되었던 겁니다.

피앤지의 재기도 디자인 씽킹의 결과다

피앤지의 CEO인 A. G. 래플리는 디자인 씽킹을 가장 잘 활용한 사람으로 손꼽힙니다. 그의 등장부터 살펴보도록 하죠. 유럽에 네슬레와 유니레버가 있다면 미국엔 피앤지가 있다고 할 만큼 대표적인 소비재 회사입니다. 1837년에 창립되어 180년이 넘는 역사를 지니다 보니 늘 좋을 수만은 없었겠죠. 20세기 말에도 위기가 찾아왔습니다.

피앤지는 1999년 1월 신임 CEO로 더크 야거Durk Jager를 지명했는데요. 1년이 좀 지난 2000년 봄에 큰 위기를 맞습니다. 당시 제약회사인 워너 램버트Warner-Lambert와 아메리칸홈프로덕트American Home Product 등과의 합병을 추진했는데 불발이 된 거죠. 질레트Gillette에 제시한 우호적 인수합병 제안 또한 바로 거부되었죠. 피앤지는 8년 만에 처음으로 1분기 이윤이 떨어질 것이라고 투자자에게 고백해야 했습니다. 1월에 116달러에 거래되던 주식은 3월에 86달러까지 하락했는데요. 이윤 하락 관련 메시지를 공표하자마자

A. G. 래플리

다음 날 주가가 30퍼센트 추가로 하락합니다. 1월 대비 거의 절반 수준이었죠.

언론의 공세도 거셌습니다. '피앤지가 엄청난 매도 공세 속에 길을 잃다' '무수히 많은 브랜드 제품을 지닌 기업, 난처한 입장에 빠지다' '피앤지 주가 하락에 허탈한 투자자들: 애널리스트들은 회복까지 3년이 걸릴 수도 있다고 전망' 등등 부정적인 메시지 일색이었습니다. 피앤지는 6월에 다시 한번 실적 부진을 알려야만 했는데요. 주가는 여전히 60달러 수준을 벗어나지 못했죠.

결국 피앤지 이사회는 회장이자 CEO였던 더크 야거를 해임합니다. 그리고 미용 사업을 진두지휘했던 래플리를 새로운 CEO로 임명했는데 당시 53세라는 젊은 나이가 마음에 걸렸습니다. 그래서 이미 은퇴한 전임 회장 존 페퍼John Pepper를 다시 불러와서 회장을 맡겼습니다. 래플리의 임기 초반 2년 동안 잘 보좌해달라는 의미였죠. 하지만 투자자의 의구심은 여전했습니다. 래플리 임명 소식에 주가는 더 내려갔고 6월 말에는 55달러도 지키지 못했습니다. 결국 실적으로 실력을 증명하는 것 외에는 다른 방도가 없었죠.

2001년 래플리는 디자인 담당 부사장으로 클라우디아 코치카Claudia Kotchka를 임명합니다. 주변의 반대도 있었는데요. 그녀가 디자이너가 아니라는 것이 이유였죠. 그녀는 회계사 출신으로 마케팅 담당자가 되면서 디자인에 매력을 느낀 인물이었습니다. 신뢰성과 타당성을 고루 갖춘 것이죠. 래플리는 주변의 반대를 "그래서 그녀를 임명하려는 겁니다. 그녀는 비즈니스 언어와 디자인 언어를 모두 구사할 줄 아는 인물이에요. 이 프로젝트의 성공을 위해서는 이처럼 양쪽 세계를 모두 알고 있는 사람이 책임자를 맡아야 합니다."라는 말로 무마했습니다.

코치카도 래플리의 요청을 바로 받아들이지는 않았습니다. 두 차례 거절했지만 세 번째 요청까지 거절할 수는 없었는데요. 대신 래플리에게 무엇을 할 수 있고, 무엇을 못 하고, 그리고 얼마나 오래 걸릴지를 명확히 말해두었죠. 코치카는 필립스의 사례를 들면서 10년 정도 시간을 요구했습니다. 래플리는 웃으며 5년 안에 작업을 완수해 달라고 말했습니다.

디자인 씽킹이 가장 필요한 곳이 아니라 이미 디자인 씽킹에 관심을 가진 영역부터 시작하는 것도 합의를 봤습니다. 디자인 씽킹을 흡수할 준비가 된 곳에서 시작해야지 원하지 않는 사업에 강요해봐야 말짱 도루묵이란 것을 둘 다 모두 잘 알고 있었던 겁니다. 이데오Ideo를 창업한 데이비드 켈리David Kelley 등 외부 전문가로 자문단도 구성했습니다. '신입사원을 뽑아 육성한다.'라는 피앤지의 오랜 전통을 깨고 디자인 부문에 숙련된 경력직 디자이너를 다수 채용했습니다.

이젠 연구개발이 아니라 연결개발이다

연구 및 개발을 합쳐서 R&D라고 부릅니다. 하지만 둘의 성격은 좀 다릅니다. R은 기초기술이고 D는 응용기술입니다. R은 연구에 가깝고 D는 사업에 가깝습니다. 삼성그룹도 R은 종합기술원에서 진행했고 D는 각사 연구소가 진행했습니다. 조속히 경영 성과를 내야 했던 피앤지 입장에서 굳이 R을 내부에서만 갖고 갈 이유가 없었습니다. 외부에 좋은 R이 있으면 사 오거나 제휴하면 됩니다. 그렇게 하는 편이 훨씬 신속하니까요.

그래서 등장한 것이 연결Connect과 개발Development이란 뜻의 C&D입니다. C&D는 자사의 지적재산과 타인의 지적재산을 결합해서 더욱 뛰어난 제품을 개발한다는 개방형 연구개발R&D 방식이죠. 피앤지는 이를 2001년에 도입했고 래플리 회장이 2003년 핵심 연구개발R&D 전략으로 천명했습니다.

데이비드 켈리

연결개발C&D의 시작은 전동칫솔이었습니다. 피앤지는 구강관리 부문에서 콜게이트와 힘겨운 싸움을 하고 있었는데 전동칫솔 시장에 진출하고 싶었습니다. 그러나 전동기술은 주전공 분야가 아니었죠. 그때 어느 외부 발명가가 자신이 기술을 제공할 수 있다고 제안했습니다. 스핀 팝spin pop이라는 자동 사탕 빨기 기술이었는데요. 막대사탕을 기구에 꽂고 버튼을 누르면 사탕이 돌아가면서 자동으로 빨리는 간단한 기술이죠. 그 발명가는 그 기술을 칫솔에 응용해 시제품을 만들어서 고객의 호의적인 반응을 관찰한 뒤 찾아온 겁니다. 피앤지는 타사 전동칫솔 대비 10분의 1도 되지 않는 가격인 5~6달러의 저렴한 진동칫솔을 출시했는데요. 구강관리 부문에서 새로운 먹거리를 찾은 것이죠.

피앤지가 진행한 연결개발C&D은 여러 개가 있는데요. 가장 재미

프링글스

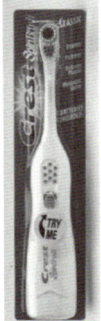

있는 사례로 스낵 부문의 대표 상품인 '프링글스'를 꼽습니다. 피앤지연구팀은 밋밋한 감자칩 위에 그림을 그려 넣는다면 재미있는 인기상품이 될 것으로 생각했는데요, 습기가 많은 고온의 감자칩 반죽에 그림을 그려 넣기란 쉽지 않았죠. 결국 연결개발C&D을 활용하기로 하고 기술 요구서를 그간 구축해두었던 글로벌 기술 네트워크에 배포했습니다. 해답은 뜻밖에도 이탈리아의 한 빵집에서 나왔는데요. 이미 식용잉크 분무 기술로 그림이 그려진 빵을 만들고 있었던 거죠. 이 기술을 받아들여 '프링글스 프린트'를 출시했는데요. 두 자릿수 성장세를 기록하는 성공을 거두었습니다.

신뢰성에 편향되지 말고 중도를 걸어라

디자인 싱킹은 신뢰성에 편향되지 말고 중도를 걸으라고 주장합니다. 그러다 보니 타당성을 강조해야만 하는데요. 고객을 설득할 때 오히려 이 점이 걸림돌이 될 수 있습니다.

저자는 어떤 은행으로부터 부유층 고객을 위한 전략을 개발해달라는 요청을 받았습니다. 각고의 노력 끝에 멋진 결과물을 만들었죠. 그리고 자랑스럽게 발표했는데요. 발표가 끝나자 은행의 CEO가 물었습니다. "다른 은행에서 이와 같은 전략을 사용한 전례가 있나요?" 저자는 기다렸다는 듯이 말합니다. "없습니다. 고객님이 최초가 될 것입니다!"

최초가 된다는 것이 얼마나 강력한 무기인지는 두말할 필요가 없습니다. 하지만 그 은행의 CEO는 그렇게 생각하지 않았습니다. 위험 회피 성향의 CEO에게는 아직 검증되지 않았고 신뢰성이 확보되지 않은 아이디어를 가지고 도박을 하는 것은 상상도 할 수 없는 일이었기 때문이죠.

저자는 다음과 같이 말했어야 한다고 아쉬워합니다. "현재 캐나다의 경쟁 은행 중에는 이런 전략을 채택한 사례가 없습니다. 그러나 유럽에서 가장 좋은 실적을 내는 은행 몇 곳이 이와 유사한 전략을 사용합니다. 정확하게 동일한 것은 아니지만 중요한 부분에서 비슷합니다. 게다가 기억하고 계시듯 이전에도 캐나다 은행들이 외국에서 아이디어를 도입해서 국내 시장에서 성공을 거둔 사례가 있습니다." 깊이 새겨들을 내용입니다.

3. Q&A

귀추논리는 어떻게 하는 것인가

정구현 이 책에서 강조하는 것이 논리전개에서 연역적 방법과 귀납적 방법에만 의존하면 안 되고 제3의 방법인 귀추 논리abductive reasoning 방법을 활용해야 한다고 강조하고 있습니다. 연역적 논리deductive reasoning란 원리에서 결론을 도출하는 방식인데요. 예를 들면 "까마귀는 모두 검은색이다. 저 새는 갈색이므로 까마귀가 아니다." 이렇게 결론을 도출하는 것입니다. 귀납적 추리inductive reasoning는 실증적 자료를 통해서 결론을 도출하는 방식이죠. 예를 들면 대형점과 소형점의 고객당 매출액을 집계하고 분석하여 어떤 결론을 도출하는 방식입니다. 그런데 이 책에서 말하는 귀추 논리는 어떻게 하는 건가요?

신현암 예를 들어 잔디가 젖은 것을 보고 '어제 비가 왔나 보다.'라고 결론을 내리는 거죠. 하나의 사례만으로 과정을 유추하고 결론을 도출하는 논리의 비약을 말합니다. 사실 스프링클러가 자동으로 작동했을 수도 있고 아침에 서리가 심하게 꼈을 수도 있고 등등 잔디가 젖은 이유는 여러 가지일 수 있습니다. 그런데 그냥 '비가 왔나 보다.'라고 생각하는 거죠. 물론 그럴 가능성도 있죠. 이처럼 조금의 가능성만 있어도 새로운 것을 창조하려 시도해야 한다는 점에서 귀추 논리를 제안하고 있습니다.

어떻게 성공적인 비즈니스 모델을 끌어낼 것인가

정구현 이 책이 던지는 궁극적인 질문은 '성공적인 비즈니스 모델을 어떻게 끌어낼 것인가?'라고 하겠습니다. 지식 생산 필터 3단계가 그런 거죠. 이 모델이 독특한 건가요? 다른 유사 모델도 있나요?

신현암 10번째에 소개하는 『지식 창조 기업』이 비슷한 질문에 대한 답을 했습니다. 책에서는 기업의 지식창조 5단계를 설명하고 있는데요. 암묵지 공유, 개념창조, 개념정당화, 원형창조, 지식의 확산으로 설명하고, 특히 암묵지와 형식지의 상호작용을 강조하고 있습니다. 암묵지 공유와 개념창조 단계가 '휴리스틱'과 유사하고 이후 단계가 '알고리즘'과 유사합니다.

8권

디맨드

: 어떻게 세상의 수요를
알아차리고 대응할 것인가

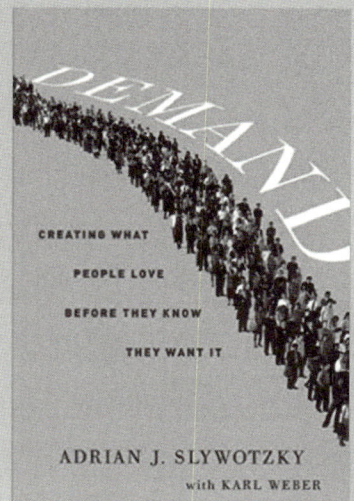

에이드리언 슬라이워츠키

1. 저자

에이드리언 슬라이워츠키

에이드리언 슬라이워츠키Adrian Slywotzky는 글로벌 경영컨설팅 기업인 올리버와이만Oliver Wyman의 파트너입니다. 하버드대학교 비즈니스 스쿨 MBA와 법학대학원 J.D.를 취득한 후 1979년부터 경영컨설턴트로 활동했습니다. 앞서 등장한 경영 구루와 비교하면 지명도가 떨어지는 것은 사실입니다. 하지만 그의 비즈니스를 바라보는 통찰력은 타의 추종을 불허합니다.

1998년 GM은 큰 위기에 직면했습니다. 그들이 개발한 온스타Onstar 서비스가 크게 부진했기 때문입니다. 차량 안에 위치파악시스템GPS을 갖춰 응급차 출동·호텔 예약 서비스 등을 제공하고 휴대전화를 이용할 수 있는 서비스인데요. 생각보다 판매가 많이 부진했습니다. 이 문제를 슬라이워츠키는 한 방에 해결합니다. "온스타 단말기가 개당 무려 895달러라고요? 캐딜락 딜러를 통해 단말기를 설치해 가격이 비싸졌군요. 게다가 GM 차량에만 설치했네요."

그 후 GM은 온스타를 공장에서 직접 설치해 비용을 대폭 줄입니다. 경쟁사 차량인 렉서스와 아우디 등에도 공급합니다. 그 결과 2002년 200만 명에 불과했던 가입자 수가 2007년에 400만 명으로 급증합니다. 골칫덩이가 효자상품으로 변신한 거죠. 이처럼 탁월한 컨설턴트는 매의 눈으로 기업을 바라봅니다. 슬라이워츠키가 바로 그런 사람이죠.

제가 슬라이워츠키를 처음 알게 된 것은 1997년에 발간한 『수익지대The Profit Zone』를 통해서였습니다. 매출에서 비용을 빼면 이익이라고 생각하던 시절에 무려 22가지나 되는 이익 창출 방식을 제시한 것에 놀라웠던 기억이 생생합니다. 그는 이후 실전과 연구를 넘나들면서 그 결정체로서 2011년에 『디맨드』를 발간했습니다. 공저자가 영문 글을 잘 다듬어주었고 우리말 번역도 깔끔합니다.

2. 핵심

진정한 수요 창조는 사람을 이해하는 데서 출발한다

'사람들은 보통 더 많은 마케팅, 더욱 뛰어난 광고, 더욱 공격적인 판촉 활동, 쿠폰 배포, 할인 판매를 하면 수요가 창출된다고 생각한다. 하지만 그렇지 않다. 진정한 수요는 그러한 전술적인 방법들과 무관하다. 진정한 수요 창조자들은 사람을 이해하는 데 자신들의 모든 시간을 쏟아붓는다.'

슬라이워츠키가 서문에서 한 이야기입니다. 이 대목을 읽는 순간 정신이 번쩍 듭니다. 그간 마케팅 전략의 일환이라며 세부계획을 수립하곤 했던 광고 판촉 활동이 별 게 아니라는 겁니다. 하긴 쿠폰이나 가격 할인은 그 순간에만 반짝하고 시간이 흐르면 원래대로 돌아가죠. 그렇다면 뭐가 핵심일까요? 바로 고객의 고충에 공감하고 이해하는 데서 출발하는 것이라고 말합니다. 그러면서 매력Magnetic, 고충지도Hassle Map, 배경 스토리Backstory, 방아쇠Trigger, 궤도Trajectory, 다변화Variation라는 6단계를 제시하죠.

1단계: 매력적인 제품을 만든다

아무리 좋은 제품이 나온다고 해도 대부분은 고객과 감성적인 연결을 이루는 데 실패합니다. '아주 좋은' 제품이 '매력적인magnetic' 제품을 의미하는 것은 아니거든요. 거부할 수 없을 정도로 매력적이고, 고객을 열광시키고, 여기저기서 고객의 입에 오르내릴 때까지 제품개발을 멈춰서는 안 됩니다.

한국에 소카Socar가 있다면 미국엔 집카Zipcar가 있죠. 집카는 소카보다 11년 빠른 2000년에 설립되었습니다. '시간당'으로 차를 빌릴 수 있다는 점에서 소카와 집카는 기존 렌터카 회사와 다릅니다. 집카의 아이디어는 신선했지만 이용객 숫자는 신통치 않았죠. 2003년 창립자가 물러나고 하이테크 기업 출신인 스콧 그리피스Scott Griffith가 바통을 건네받습니다. 그 또한 고민에 빠졌습니다. '왜 고객들이 이용하지 않는 것일까? 어떤 요소를 더해야 고객이 거부할 수 없을 정도로 매력적이라 느낄까?' 기존 직원들은 더욱 뛰어난 광고, 더욱 공격적인 판촉 활동, 쿠폰 배포, 할인 판매를 제안했습니다.

그리피스는 직원들의 제안을 뒤로하고 포커스 그룹 인터뷰를 진행합니다. 집카를 알고 있지만 가입을 미루는 '관망고객'을 대상으로 해서 말이죠. 그 과정에서 결정적인 단서를 찾아냅니다. 바로 '운영되는 차의 대수'입니다. 운영 중인 차 대수가 적다면 차량 수요가 가장 많은 저녁 시간과 주말에는 사용 가능한 차가 하나도 없는 경우가 발생합니다. 아니면 집에서 10에서 15블록을 걸어가야 합니다. 짜증이 나는 일이죠. 운행되는 차의 대수를 늘리면 당연히 고객이 늘어나겠죠. 하지만 그럴 자금이 없습니다. 당신이라면 어떻게 하시겠나요?

그리피스는 '수요의 밀도'라는 열쇠에 과감하게 베팅했습니다. 뉴욕에서 경찰관 수를 늘리지 않고 범죄율을 낮추는 방법으로 우범지대에 집중적으로 경찰관을 배치했던 것처럼요. 집카는 선택된 지역 몇 곳에 모든 역량을 집중하기로 했죠. 젊고 기술에 능숙하며 환경보호에 관심이 많고 절약을 추구하는 전형적인 집카 회원들이 상대적으로 밀집된 도시지역을 선택합니다. 그러면서도 동네의 특색에 따라 자동차 구색을 갖춥니다. 보스턴과 강 하나 건너에 있는 케임브리지에는 환경에 관심이 높은 층이 많이 살기 때문에 하이브리드 자동차인 프리우스를 주로 배치했죠. 보스턴 상류층 거주지에는 볼보나 BMW를 내세웁니다.

차를 타기 위해 10분을 걷는 것은 귀찮지만 5분 정도는 걸을 만합니다. 밀도가 높으니 타깃 지역의 고객이 급속도로 늘었죠. 어느 정도 수준에 다다르면 이제 다른 타깃 지역으로 시장을 넓힙니다. 그러면서 집카는 미국 최고의 카셰어링 업체로 자리잡았죠.

리드 헤이스팅스

2단계: 고객의 고충지도를 바로잡는다

우리가 구매하는 대부분의 제품에는 고객의 시간과 비용을 낭비하게 만드는 특성이 포함되어 있습니다. 알아보기 힘든 사용 안내와 불필요한 위험 등 예를 들라면 끝도 없죠. 바로 여기에 기회가 있습니다. 고객들의 일상생활에서 상당 부분을 차지하는 고충지도 hassle map를 그려내고 그것을 고치는 방법을 찾아내는 일이야말로 잠재수요를 폭발시키는 좋은 방법이죠.

지금은 사라져버린 비디오 대여점. 혹시 이곳에서 연체료를 내본 경험이 있으신가요? 나이 좀 있으시면 한두 번 있으실 겁니다. 기분은 어떠셨나요? 열받죠. 혹시 이런 경험이 없는 MZ세대라면 선구매후지불BNPL, Buy Now Pay Later로 구매했는데, 연체이자를 냈을 때의 느낌이라고 보시면 됩니다.

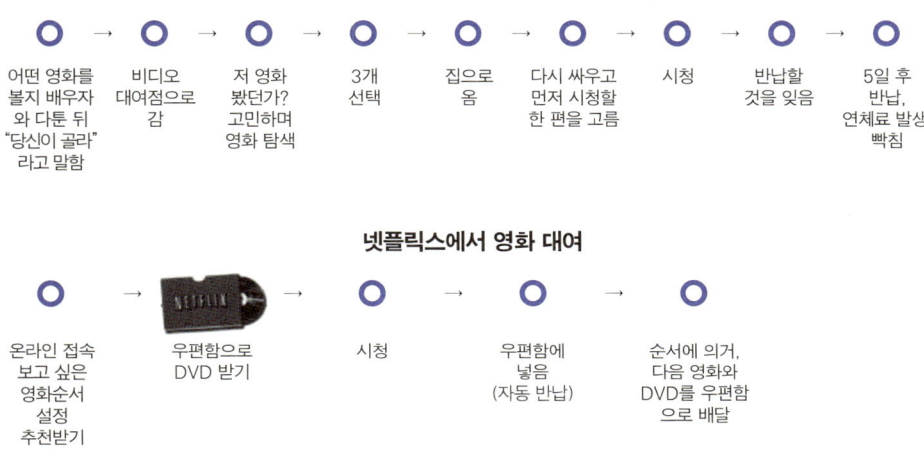

　1996년의 어느 날 미국 샌프란시스코 베이 지역의 집에서 휴식을 취하던 리드 헤이스팅스Reed Hastings는 한 가지 의문에 사로잡혔습니다. '왜 비디오를 빌려본 뒤 제때 반납하지 않았다는 이유로 비싼 연체료를 물어야 하지?'라는 거였죠. 당시 그는 미국 최대 비디오 대여점인 블록버스터에서 빌린 영화 「아폴로13」을 6주 늦게 반납해 40달러를 물어내야 했는데요. 집에서 대여점까지 먼 거리를 갔다 와야 하는데다가 조금 늦었다고 연체료까지 내는 게 억울했죠. 그날 늦게 헬스클럽에 가던 중 이런 생각이 듭니다. '왜 비디오 대여는 헬스클럽처럼 운영되지 않는 거지? 헬스클럽은 가끔 이용하든 자주 이용하든 내는 돈은 똑같은데 말이야.' 생각이 꼬리에 꼬리를 뭅니다. '비디오 대여금을 다달이 일정한 멤버십 요금 체계로 바꾸면 연체료를 없애더라도 비디오 대여점을 잘 운영할 수 있지 않을까? 연체료라는 압박 수단 없이 고객들이 제때 비디오를 반납하도록 할 수는 없을까? 어떻게 하면 고객들이 원하는 영화를 언제든지 빌려 볼 수 있게 항상 충분한 양의 비디오를 비치할 수 있을까? 수지를 맞추려면 어떻게 해야 할까?' 넷플릭스의 비즈니스 모델은 이런 고객의 고통pain point을 해결하면서 탄생했습니다. 블록버스터와 넷플릭스 각각의 고객 고충지도를 그려보면 앞의 그림과 같습니다.

3단계: 완벽한 배경 스토리를 창조한다

배경 스토리backstory란 제품 자체가 아니라 그 너머의 무언가로서 제품을 매력적으로 만드는 요소를 말합니다. 아무리 탁월한 전기자동차를 만들어도 충전소가 드문드문 있으면 소용이 없겠죠. 슬라이워츠키는 전기자동차 업계의 충전소처럼 인프라와 생태계 등에 해당하는 내용을 배경 스토리라고 지칭합니다.

오늘날 이북e-book의 대명사는 아마존의 킨들Kindle입니다. 2007년에 세상에 등장해서 선풍적인 인기를 끌었죠. 많은 사람이 최초의 이북인 것으로 알고 있기도 합니다. 하지만 최초의 이북은 킨들보다 3년 전에 탄생한 소니의 리브리Librié입니다. 먼저 탄생했음에도 불구하고 더 가볍고 디자인도 훌륭합니다. 대단한 제품이었죠. 그런데 왜 리브리는 실패하고 킨들은 성공한 것일까요?

아마존은 출판계와 가까운 사이였습니다. 1994년 창업한 아마존은 책 유통에서 시작했죠. 게다가 책을 구매한 독자에게 추천 시

소니 리브리

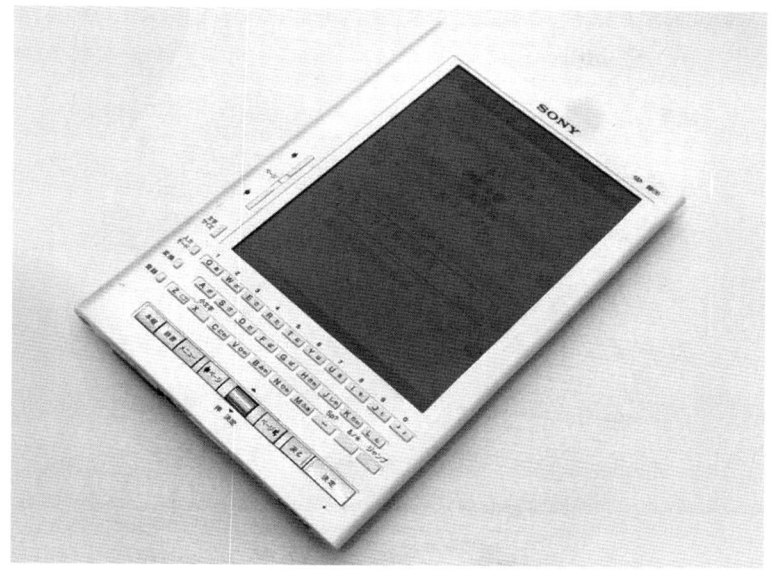

스템을 장착하여 창고에 쌓여 있던 책을 더 많이 팔 수 있도록 도와주었죠. 출판계 사람들은 아마존을 고맙게 생각했습니다.

반면 소니는 전자제품 생산업체입니다. 출판계 사람들과는 만날 기회가 없었죠. 어느 날 갑자기 일본 내 10대 출판사의 대표를 본사로 초청합니다. 그리고 그들에게 기술을 보여주며 함께 이북 시장을 열어나가자고 제안합니다. 그 자리에서 출판사 대표들은 모두 동의합니다. 하지만 그들의 마음은 복잡했습니다. 소니 이북이 성공하면 그만큼 종이책은 덜 팔릴 테니까요. 그래서 담합을 합니다. 콘텐츠(책)는 1,000권만 제공하고 보유 기간은 6일로 해서 7일 차가 되는 날 자동 삭제되도록 하며 PC에 접속해야 다운로드받을 수

아마존 킨들

있는 방법으로 계약을 묶어버린 거죠. 책방에 갔는데 책이 1,000권밖에 없다? 교보문고 광화문점에는 책이 50만 종 있습니다. 리브리가 책방이라면 500분의 1밖에 안 되는 셈이죠. 나중에 보유 권수는 2만 권에 보유 기간은 6개월로 늘어나긴 했습니다.

반면 아마존 킨들은 출발부터 달랐습니다. '책 종수 8만 8,000권, 보유기간 무제한, 무선 인터넷 다운로드'라는 편의성을 장착했죠. 킨들의 후기는 풍성한 반면에 리브리의 후기는 썰렁했습니다. 우리가 식당 검색할 때 후기 개수가 적으면 다른 식당을 검색하지 않나요? 결국 리브리는 자신보다 제품력에 취약한 킨들에게 완패 당하고 말았죠. 바로 배경 스토리의 힘입니다.

4단계: 결정적인 방아쇠를 찾는다

수요를 창조하는 데 가장 큰 장애물은 고객의 관성, 의심, 습관, 무관심입니다. 아무리 매력적인 제품을 접하더라도 대부분의 사람들은 구경꾼의 태도를 보입니다. 구입하려는 욕구를 억누르는 거죠. 위대한 수요 창조자들은 구경꾼을 고객으로 변화시킬 방법, 즉 고객 마음속의 방아쇠trigger를 당겨 행동하도록 만드는 방법을 끊임없이 찾습니다.

영화를 스트리밍 서비스로 제공하는 넷플릭스는 1997년 우편으로 DVD 비디오를 배달하는 비즈니스 모델로 출발했습니다. 당연히 회원 수가 중요하죠. 기존 회원을 지키고 신규 회원을 늘리는 일에 사활을 걸어야 합니다. 미국 전역에서 회원 수를 늘리기 위해 열심히 노력했습니다. 본거지인 샌프란시스코에서는 회원 수 증가세가 확연히 보였는데 다른 지역은 그렇지 못했습니다. 수요를 견인할 수 있는 트리거가 필요했죠.

'왜 샌프란시스코는 되는데 다른 지역은 안 되는 걸까?'

고민에 고민을 거듭했습니다. 여러 의견이 나왔습니다. "본사가 여기여서요. 우리 직원들이 주변에 가입 권유를 많이 했을 겁니다." 넷플릭스는 뭐든지 데이터를 갖고 판단하는 회사입니다. 실제 조사해보니 그렇지 않았습니다. "첨단 기술자가 많이 살고 있죠. 인터넷에 도사들이라 온라인 쇼핑을 많이 할 겁니다." 이 또한 실제 조사해보니 그렇지 않았습니다. "샌프란시스코는 상대적으로 부유한 동네입니다. 넷플릭스는 사치품이지 필수품이 아니죠."

그렇다면 뉴욕의 회원 증가율이 탁월해야 하지 않을까요? 이 또한 답이 아니었습니다. "여기는 캘리포니아죠. 영화산업의 본거지죠. 영화광이 많을 겁니다." 그런 논리라면 LA에서 최고의 성과를 내야 합니다. 그렇지 않았습니다.

답은 의외의 곳에서 나왔습니다. DVD 유통센터가 샌프란시스코에 있었던 겁니다. 당시 프로세스는 이러했습니다. '고객이 보고 난 DVD를 우체통에 넣는다. 우편 시스템을 통해 유통센터로 반납된다. 반납한 고객의 영화신청 리스트를 살핀다. 이에 의거해서 다음 DVD가 고객의 집으로 배송된다.' 샌프란시스코 주민이야 하루 이틀 만에 배달받지만 다른 지역은 그렇지 못했던 거죠! 바로 이 점이 수요 확산의 장애물이었습니다. 원인을 찾아냈으니 답은 나온 거죠. 넷플릭스는 바로 주요 도시마다 유통센터를 추가로 건설했습니다. 고객 가입률은 순식간에 2배로 증가했습니다. 이것이 방아쇠입니다. 방아쇠를 발견한 순간 넷플릭스 직원들 속이 얼마나 시원하게 뻥 뚫렸을지 상상이 갑니다.

5단계: 가파른 궤도를 구축한다

위대한 수요 창조자들은 '얼마나 빨리 제품을 개선할 수 있을까?'라는 매우 단순한 질문을 스스로에게 던짐으로써 다음 단계로 곧장 뛰어듭니다. 그렇게 함으로써 모방을 일삼고 트렌드에 편승하려는 경쟁자들이 설 땅을 없애버립니다. 가파른 궤도trajectory를 구축하는 거죠.

영국의 패스트푸드 체인 프레타 망제는 샌드위치를 주력상품으로 하고 있습니다. 신선한 먹거리, 세련된 매장, 활기찬 직원, 맥도날드보다 빠른 속도로 우리나라에서도 빨리 만나기를 기대하는 체인이죠. 줄여서 프렛이라 불리는 이 매장은 세 가지 차원에서 가파른 궤도 구축을 위해 노력합니다.

첫째는 품질, 맛, 가격의 적절성, 음식의 매력입니다. 이를 위해 프렛은 끊임없이 음식을 재발명합니다. 피클 레시피는 15번, 당근 케이크 레시피는 50번 수정되었다는 전설이 있을 정도입니다. 둘째는 이미 높은 수준에 도달한 고객 서비스를 유지하고 더욱 향상하는 것입니다. 직원이 되고 싶은 사람은 급여를 받고 실제 하루 동안 일합니다. 그런 다음 그와 같이 일해본 점원들이 그를 채용할지 말지를 투표로 결정합니다. 프렛의 인사정책은 다음의 문장으로 요약됩니다. '우리는 행복한 사람을 채용해 샌드위치 만드는 법을 가르칩니다.' 고객의 반응에 따르면 이 간단한 시스템이 놀랍도록 잘 돌아가고 있다네요. 셋째는 매장 수를 확대하여 전 세계의 더 많은 사람이 프렛에서 좋은 경험을 할 수 있도록 하는 것입니다. 2000년 미국 진출 이후 일본, 홍콩, 싱가포르 등으로 사업영역을 확장한 이유입니다.

이 대목에서 삼성의 '초격차'가 연상됩니다. 초격차란 격차를 더욱 벌린다는 의미겠죠. 격차의 한자는 두 가지입니다. 먼저 소득 격차, 임금 격차, 격차가 심하다 할 때 쓰는 사이 뜰 격隔 자를 쓴 격차입니다. 또 다른 단어는 품격 할 때 쓰는 바로잡을 격格 자를 쓴 격차입니다. 후자의 한자는 '자격이나 지위 등이 서로 다른 정도'를 의미하죠. 양적인 측면보다는 질적인 측면에서 차이를 보는 거죠.

삼성은 후자의 관점에서 초격차란 단어를 선정했습니다. 삼성을 추격해 오는 2등 회사가 '이제 더 이상 따라가는 것은 불가능하다. 그냥 2등에 만족하자.'라고 할 때까지 격차를 벌리자는 것을 의미합니다. 다른 회사보다 조금 나은 정도가 아니라 완전히 압도적 우위를 갖추자는 거죠. 다른 누군가와 비교되기를 거부하고 기술은 물론이고 조직, 시스템, 공정, 인재 배치, 문화에 이르기까지 모든 부분에서 그 누구도 넘볼 수 없을 정도로 격을 높이자는 겁니다. 이것이 바로 초격차 전략의 진정한 의미라고 삼성은 이야기합니다.

6단계: 다변화를 추구한다

위대한 수요 창조자는 모든 상황에 들어맞는 만병통치약은 존재하지 않는다고 생각합니다. 고객들은 서로 다른 고충지도를 갖고 있죠. 복잡한 시장을 결코 하나의 통으로 생각하지 않습니다. 동일한 고객이라도 시간이 흐르면 원하는 바가 달라집니다. 그래서 제품라인의 다변화variation를 위한 효율적이고 비용 효과적인 방법을 찾죠.

미국 교향악단의 고민은 한번 콘서트를 관람한 사람들 대부분이 다시는 콘서트를 보러 오지 않는다는 것이었습니다. 그들은 다시 와달라는 권유에 무관심한 태도를 보이거나 노골적으로 적대적인 모습을 보이기도 했습니다. 그들이 과연 중요한 고객인지 9개의 교향악단이 모여 데이터 분석을 했습니다. 먼저 복잡한 시장을 6개의 고객 집단으로 나눴습니다. 오랫동안 셀 수 없이 많은 콘서트에 매년 참석하는 '핵심관객', 생전 처음 콘서트에 와서 공연 하나를 관람한 '시험적 관객', 어느 해에만 두 번 정도 콘서트에 오는 '비열성적 관객', 매년 한두 번 콘서트를 보러 오는 '특별관객', 여러 해 동안 꾸준히 소규모 콘서트 회원권을 구매하는 '단골 관객', 많은 콘서트를 보러 오지만 회원권을 아직 구매하지 않은 '고잠재력 관객' 등이었습니다.

각각의 특성은 모두 달랐습니다. 보스턴에서 '핵심 관객'에 해당되는 사람들은 전체 관객 중 26%밖에 되지 않았지만 티켓의 56%를 구매했습니다. 반면 '시험적 관객'은 전체 관객의 37%를 차지했지만 겨우 11%의 티켓을 구매했죠. 답은 나왔습니다. 이탈률이 무려 91%에 달하는 '시험적 관객'을 꾸준히 오도록 만드는 것이었습니다. 그들이 겪는 가장 큰 고충이 무엇인지 알아내고 해결하면 될 일이었습니다.

조사결과는 뜻밖이었습니다. 교향악단의 상대적인 명망과 실력은 그다지 중요한 요소가 아니었습니다. 가장 중요한 고충은 바로 '주차'였습니다! 지금까지 어떤 교향악단도 신경을 쓰지 않았던 문제였습니다. "어느 회원도 주차 문제를 이야기하는 사람이 없었습니다. 그러니 우리가 어떻게 알겠습니까?" 어느 교향악단 임원의

오페라 관객 유형

핵심관객	시험적 관객	비열성적 관객	특별관객	단골관객	고잠재력 관객
• 오랫동안 셀 수 없이 많은 콘서트에 매년 참석 • 인구 비중 26% • 티켓구매 비중 56%	• 생전 처음 콘서트에 와서 공연 하나를 관람 • 인구 비중 37% • 티켓구매 비중 11%	• 어느 해에 두 번가량 콘서트에 옮	• 매년 한두 번 정도 콘서트를 보러 옮	• 여러 해 동안 꾸준히 소규모 콘서트 회원권을 구매	• 많은 콘서트를 보러 오지만 회원권을 아직 구매 하지 않음

이탈률 91%

답변이었습니다. 회원들은 이미 시행착오를 거치면서 언제 어디에 주차하면 좋은지를 터득한 사람입니다. 반면 처음 오는 사람은 주차할 곳을 찾지 못해 이리저리 돌다가 늦게 입장하기 십상이었죠. 당신도 그런 경험이 있으신가요? 이미 시작한 공연에 문 열고 허리 숙여 살금살금 걸어 들어갔던 경험이요. 참 속상했죠. 그러니 또 오기가 싫은 겁니다.

인근 주차장과 특별요금을 협상하고 티켓을 발송하는 봉투에 상세한 주차장 위치를 그렸습니다. 이러한 단순한 조치가 강력한 수요의 방아쇠가 되었죠. 지휘자가 잠깐 시간을 내 연주곡에 얽힌 비하인드 스토리나 작곡가의 삶에 대해 개인적인 생각을 몇 마디 해주는 것도 효과가 좋았습니다. 하긴 '시험적 관객'이야 대부분 클래식 초심자일 테니까요. 전후 사정이나 맥락을 이해하면 더욱 즐거운 마음으로 음악에 몰입할 수 있겠죠. 이러한 조치를 통해 보스턴

네슬레

심포니 오케스트라의 티켓 판매가 34%나 늘었습니다.

이 6단계를 네스프레소에 연결해보죠. 네스프레소의 역사는 1970년대 초반 스위스 제네바에 위치한 바텔 연구소Battelle Research Institute로 거슬러 올라갑니다. 이곳에서 개발한 1인용 에스프레소 추출 머신의 기본 디자인을 1974년에 네슬레Nestle가 구입하는데요. 그 후 10년 이상 공을 들여 '네스프레소(네슬레+에스프레소)'라 명명된 기계를 만들어냅니다. 매력적인 제품을 만드는 데 성공한 것이죠.

보통은 '매력적인 제품 만들기'와 '고충지도 그리기'는 병행해서 진행합니다. 그런데 네스프레소는 제품이 먼저 탄생했습니다. 시장이 어디 있을까요? 사무실과 레스토랑 주방을 타깃으로 삼았습

네스프레소

니다. 하지만 실패하죠. 이 머신의 장점은 작은 크기와 사용 용이성인데요. 사무실과 레스토랑 주방은 작은 크기가 매력적이지 않았죠. 게다가 바리스타들의 반대가 거셌습니다. 자신들의 생계를 위협하는 제품이기 때문이었죠. 마땅히 배경 스토리라 부를 만 것도 없었습니다. 결국 1987년까지 제작된 기계의 절반만이 판매되었습니다. 수요 창출에 실패한 셈이죠.

보통은 이러면 사업을 접습니다. 그런데 네슬레는 달랐습니다. 1988년 심기일전하여 다른 시장을 겨냥합니다. 바로 가정용 시장입니다. 다섯 곳의 고급 가전제품 매장에 100대의 에스프레소 머신을 설치하고 공격적으로 제품을 홍보해달라고 요청했습니다. 채 30대도 팔리지 않았습니다. 가정용 시장마저도 없었던 것이죠.

이때 네스프레소 팀은 혁신적인 방법을 제안합니다. 바로 '고객에게 직접 판매D2C'하는 유통경로를 만들자는 것이었죠. '고객이 전화로 커피팟을 주문하면 빠르게 우편 발송'하는 비즈니스 모델입니다. 이러한 서비스를 네스프레소 클럽이라 부르기로 했죠. 네스프레소 머신을 구입한 고객은 자동으로 클럽 회원이 되도록 했습니다. 이 모델은 대성공을 거둡니다. 제대로 방아쇠를 당긴 거죠.

슬라이워츠키는 이렇게 말합니다. "네스프레소가 직접 판매 모델을 통해 500년이나 된 커피 사업을 혁신시키기 시작했다는 점을 주목해야 합니다. 애플의 아이팟을 떠올려봅시다. 아이튠즈 스토어라는 '음악 세계'로 가는 관문이 되었습니다. 아마존의 킨들은 어떤가요. 아마존 북스토어의 '독서 세계'로 가는 관문이 되었습니다. 이와 마찬가지로 네스프레소 머신은 클럽 회원들에게 '커피 세계'로 가는 관문이 되었습니다."

네스프레소 팀은 가파른 궤도를 구축하기 위해 결정타를 몇 개 더 터트립니다. 1994년엔 비행기 퍼스트 클래스 손님에게 서빙을 시작합니다. 2000년부터는 '혀를 위한 탱고'라는 콘셉트로 체험을 강조합니다. 한쪽 하이힐 구두가 다른 쪽 구두 위에 살짝 얹혀 있는 미묘한 모양으로 디자인을 바꾸죠. 파리에 부티크 1호점을 오픈합니다. 직접 와서 마셔 보고 구매할 수 있도록 한 거죠. 마시는 체험을 강조하기 위해 신문에서 TV로 주력 광고매체를 교체했는데요. 2006년부터는 조지 클루니를 주연으로 하는 광고가 등장하기 시작했죠.

가정용, 기업용, 호텔용 심지어 자동판매기까지도 등장한 것은 다변화의 관점에서 해석할 수 있겠죠.

3. Q&A

매력적인 제품, 가심비, 가치소비는 같은 개념인가

정구현 저자는 매력적인 제품을 이야기할 때 뛰어난 기능성과 감성적 매력을 결합해야 한다고 강조하고 있습니다. 가성비와 가심비를 결합해야 한다는 거죠. 감성적 매력은 개인에 따라 다를 텐데요. 여기서는 사회적 평판도 들어가나요? 요즘 가치소비라는 말을 쓰는데요. 특히 '가격에 비해 우수한 가치를 제공하는 상품을 선호하는 소비 경향'으로 가치소비를 말하는데요. 매력적인 제품, 가심비, 가치소비 이게 다 같은 개념인가요? 특히 요즘 개성 강한 MZ세대가 바라는 것이 바로 이러한 기능성과 감성적 매력이라고 할 수 있을까요?

신현암 기능성과 감성적 매력은 기본이죠. 여기에 하나 더해야 할 것이 있습니다. 고객으로서 MZ세대를 살펴보면 '미닝 아웃 Meaning out'이란 용어가 보이는데요. 신념 Meaning과 드러내다 coming out의 합성어로 '소비를 통해 자신의 신념과 가치를 드러내는 활동'을 말합니다. 보이콧 boycott이 아니라 바이콧 buycott이라는 신조어도 있죠. 구매거부가 아니라 거꾸로 적극적으로 구매하자는 뜻입니다. '돈쭐 내주자'는 표현도 자주 들리죠. 착한 기업의 제품을 사서 돈으로 혼내주자(돈+혼쭐)는 뜻이죠. 가성비를 넘어 가심비(가격 대비 마음의 만족을 추구하는 소비행위)도 MZ세대의 용어입니다. 종합해보면 기능성과 감성적 매력은 기본이고 여기에 의미를 추가한 소비에 큰 비중을 두고 있습니다. 어떤 것이 의미 있는 소비일까요? 요즘 용어로 ESG를 실천하는 기업의 제품과 서비스를 구매하는 것이 의미 있는 소비가 되겠죠.

브랜드의 대가인 박충환 교수가 발간한 책 『브랜드 애드머레이션 brand admiration』도 참고할 만합니다. 박 교수는 브랜드 성공 여부에 관한 진단은 고객 충성도와 지지도 정도로 판단할 수 있다고 합니다. 고객 충성도는 지속적으로 특정 브랜드를 찾는 행위를 의미하고 지지도는 타인에게도 권하는 것을 의미한다고 설명합니다. 그리고 고객 충성도와 지지도를 끌어내기 위해서는 신뢰trust, 사랑love, 존중respect의 3가지 요소를 만족시켜야 한다고 강조하죠. 여기서 신뢰가 기능성입니다. 사랑은 감성적 매력이죠. 존중은 앞서 설명한 신념 또는 의미를 뜻한다고 보면 되겠습니다.

배경 스토리가 비즈니스 모델이나 기업 생태계인가

정구현 세 번째 단계인 배경 스토리가 좀 애매한데요. '인프라, 생태계, 비즈니스 디자인 등 수요를 창조하는 데 필수적인 것들'이라고 정의되어 있는데요. 좀 구체적으로 설명해주실 수 있나요? 비즈니스 모델이나 기업 생태계를 말하는 건가요? 책에서는 넷플릭스의 예를 들면서 배달 시간 단축을 위한 물류센터의 증설을 지적하고 있는데요. 요즘 아마존, 쿠팡, 마켓컬리가 바로 엄청난 배송시간 단축 경쟁을 하고 있는 거죠.

신현암 MP3 플레이어 시장에서 가장 성공한 제품이 아이팟인데요. 시장에 최초로 뛰어든 업체는 아니었어요. 그전에 이미 엠피맨 등 다른 제품들이 있었죠. 아이팟의 성공요인으로 디자인과 간편성 등을 꼽는데요. 결정적인 한 방은 다른 상품은 갖지 못한 아이튠즈입니다. 아이팟이 플레이어라면 아이튠즈는 프로그램입니다. 당시 아이팟 사용자들은 아이튠즈를 통해 곡당 0.99달러를 내고 음원을 다운로드했습니다.

당시는 대부분의 음원을 무료로 다운로드하는 게 당연하다고 여겨졌던 시절이죠. 그런데 스티브 잡스는 어떻게 이런 비즈니스 모델을 성공시킨 걸까요? 그는 대중에게 '당신의 한 시간 인건비가 4달러입니까?'라고 도발적인 질문을 던집니다. 음원은 공짜였지만 제대로 된 무료 버전을 받으려면 15분 정도 걸렸습니다. 예를 들어 '나훈아 테스 형'이라는 오디오 파일을 다운로드했는데 알고 보니 너훈아가 부른 거였다는 뭐 이런 게 많았다는 겁니다. 그래서 제대로 된 4곡을 다운로드하는 데 한 시간이 걸렸죠. 차라리 그럴 바에야 4달러 내고 아이튠즈에서 제대로 된, 그것도 음질이 탁월한 음원을 다운로드하라고 한 건데요. 아이튠즈는 아이팟에 있어 핵심적인 배경 스토리인 거죠.

아이폰도 처음 나왔을 땐 지도와 전화 정도의 기능이 있었을 뿐입니다. 그러다가 2009년 본격적으로 수많은 킬러 앱이 등장하면서 세상을 바꾸는 혁신적인 제품으로 자리매김합니다. 그래서 디지털 전문가들은 아이폰이 등장한 2007년이 아니라 앱 생태계가 제대로 작동하기 시작했던 2009년을 모바일 원년으로 보기도 합니다. 앱 생태계 또한 아이폰이란 제품의 배경 스토리가 되겠죠.

9권

학습하는 조직

: 어떻게 조직과 구성원의 역량을
높일 것인가

피터 센게 (출처: 유튜브 캡처)

1. 저자

피터 센게

피터 센게Peter Senge는 스탠퍼드대학교에서 항공공학을 전공합니다. 그러면서 철학 공부에도 심취하죠. 그 후 MIT에서 사회 시스템 모델링을 공부한 뒤 같은 학교에서 경영학 박사학위를 취득합니다.

항공공학, 철학, 사회시스템, 경영학…… 이런 다양한 학문 분야가 자양분이 되어 그만의 독특한 연구세계가 구축되는데요. 바로 시스템 다이내믹스System dynamics 분야입니다. 그의 대표작 『학습하는 조직The Fifth Discipline』도 시스템 다이내믹스 분야 연구 성과를 집대성한 것입니다.

사실 학습조직Learning Organization의 개념은 이미 1978년 하버드대학교 크리스 아지리스Chris Argyris와 MIT의 도널드 쇤Donald Schön

교수가 이야기했죠. 하지만 철학적, 심리학적 차원에서 접근해 피상적인 논의를 하는 수준이었습니다. 반면 피터 셍게는 피상적이었던 학습조직의 특성을 시스템적 사고에 근거해 논리적이고 체계적으로 접근했습니다. 아울러 학습조직이 과거의 전통적, 권위적, 통제적 조직과는 근본적으로 다르다는 것을 강조했죠.

시스템 사고는 현장에서 많이 쓰입니다. 특히 우리나라에서 2006년 노무현 정부 때 시화호 개발 건을 시스템 사고로 풀었던 것은 꽤 유명하죠. 당시 청와대도 '혁신사례'로 그의 학습이론을 공부하면서 '시화호 개발사업을 추진하면서 수질 오염문제가 발생하자 근본적으로 오염문제를 해결하기보다는 수질 오염문제 자체만 감소시키는 즉각적인 문제해결 방식을 선택해서 실패했다'고 반성했답니다. 즉 해수를 유입시키고 오염된 물을 시화호 밖으로 방류하는 방법을 선택함으로써 외해外海의 오염을 가중시키는 결과를 가져왔다는 거죠. 단선적이고 근시안적 정책이었다고 봤던 겁니다.

미국의 MIT 슬론경영대학원 교수이고 조직학습협회SOL, Society for Organizational Learning의 창립자입니다.

2. 핵심

왜 학습조직이 경영전략의 키워드가 됐는가

1980년대 말에서 1990년대 초에 '학습조직learning organization'이 경영전략의 키워드로 떠오릅니다. 경영 환경이 급격히 변화하는 시대가 되면서 똑똑한 최고경영자 한 명만으론 조직을 이끌기 어려워졌기 때문입니다. 헨리 포드나 앨프리드 슬론과 같은 전설적인 영웅이 조직을 이끄는 시대는 끝났다는 거죠. "애플의 스티브 잡스도 전설적인 영웅 아닌가?" 하고 반문을 제기할 수도 있을 것입니다. 하지만 조너선 아이브Jonathan Ive와 같은 천재가 애플 제품을 디자인했고 팀 쿡Tim Cook과 같은 관리의 대가가 있었기 때문에 오늘날의 애플이 있다는 점에서 분명 세상이 바뀐 것은 맞습니다.

급격히 변화한다는 건 무슨 뜻일까요? 마치 야구시합을 하다가 축구시합을 하는 것처럼 바뀌는 겁니다. 야구엔 이런 말이 있습니다. "감독 사인 없이 도루하면 살아도 욕먹고 죽으면 심하게 욕먹는다." 경기는 선수가 하지만 전략은 감독의 머릿속에서 나온다는 말이죠. 반면 축구는 어떤가요? 본인에게 공이 왔을 때 "감독님, 제가 직접 골대로 몰고 갈까요? 아니면 패스할까요?"라고 묻는 선수는 없습니다. 본인 스스로 판단해야 하는 거죠. 감독의 판단이 아니라 선수의 판단이 중요합니다. 기업으로 바꿔 말하면 CEO의 역량이 아니라 조직구성원과 조직 전체의 역량이 중요해진 겁니다.

세상이 바뀌면 낡은 사고방식을 버리고 새로운 사고방식을 도입해야 합니다. 빨리 적응할수록 이깁니다. 크리스토퍼 콜럼버스 Christopher Columbus가 대서양을 횡단하던 대항해 시대에는 배는 돛을 단 범선이었죠. 1800년대 초반 증기선이 등장하면서 범선의 시대는 저물고 증기선의 시대가 도래합니다. 증기선에 빨리 먼저 적응할수록 배를 통한 수송 시장이나 여행 시장에서 이기는 건 당연하겠죠. 범선 지식을 버리고 증기선 지식을 흡수해야 합니다. 경쟁자보다 빨리 배울 수 있는 능력이 지속적인 경쟁우위 요소로 떠오른 것이죠. 그리고 이런 능력을 갖춘 조직을 학습조직learning organization이라고 합니다.

어떻게 하면 학습조직을 만들 수 있을까? 이런 고민을 하던 때인 1990년에 피터 센게 교수가 『학습하는 조직The Fifth Discipline』을 출간합니다. 원서 제목에서 디서플린discipline이란 단어가 눈에 띕니다. 흔히 '규율'로 번역하는데요. 좀 더 살펴보니 '실천에 옮기기 위해서 반드시 배우고 숙달해야 하는 일련의 이론과 기법의 집합체'로서 '학습하다'는 의미의 라틴어 디시플리나disciplina에서 나온 단어라고 합니다. 한편 학습조직의 의미도 되새겨봐야 하는데요. 조직 내의 독서 모임 혹은 지식 동아리가 아닙니다. 학습이란 학교나 학원에서 하는 공부가 아니라 '새롭고 개방적인 사고방식을 채택하고 진정으로 원하는 결과를 만들어내는 방법을 끊임없이 추구한다.'라는 것을 의미합니다.

사람은 학습자와 비학습자로 나눌 수 있습니다. 고정된 사고는 발목을 붙잡지만 성장하는 사고는 앞으로 나아가게 합니다. 어떤 이는 부잣집에서, 어떤 이는 가난한 집에서 태어납니다. 하지만 사람들이 받은 패는 출발점에 불과하죠. 열정을 품고 훈련을 거듭하면서 힘들더라도 노력을 다하면 날아오를 수 있습니다. 이것이 학습의 핵심입니다.

관리 시스템에서 학습조직으로 전환해야 한다

오늘날 기업에서 일반적으로 사용되는 관리 시스템을 살펴보죠. 평가 중심 관리, 순종 강요 문화 등 한마디로 말해서 '죽어라 일해서 그저 그런 성과를 올리는' 시스템입니다. 하지만 훨씬 만족감과 생산성이 높은 공동작업 방식이 있습니다. '협업을 통해 사기士氣를 높이며 집단지성을 활용'하는 방식이죠. 바로 학습조직입니다. 물

평가중심 관리	순종 강조 문화
단기적인 평가기준에 집중 측정이 불가능하면 가치를 낮게 평가	상사를 기쁘게 하는 것으로 성공 도달 두려움을 이용하여 관리
성과 관리	**정답 대 오답**
경영진에서 목표 설정 직원들은 설정된 목표를 충족시킬 의무	기술적 문제 해결이 강조 그것에서 벗어난 (시스템) 문제는 무시
획일성	**예측가능성과 통제가능성**
해결해야 하는 하나의 문제로 다양성을 인식 표면적인 합의를 우선시하고 갈등을 억제	관리란 통제하는 것 관리의 성스러운 삼위일체: 계획, 조직, 통제
과도한 경쟁과 불신	**전체성의 상실**
성과를 얻으려면 경쟁은 필수 경쟁 없이는 혁신도 없다	분열의 파편화 조직 일부의 혁신이 전체로 확산되지 못함

론 학습조직 구축에는 궁극적인 목적지가 없습니다. 평생 지속되는 과정입니다. 엄청난 인내심이 요구되죠.

시스템 사고는 학습조직을 만들기 위한 첫 단추다

어느 기업을 분석해보니 재고비용이 턱없이 높습니다. 그래서 재고를 최대한 줄이는 묘책을 시행했고 그 결과 회계장부상 재고비용이 획기적으로 낮아졌습니다. 그러자 영업부에서 불만의 소리가 터져 나왔습니다. 납기 지체가 심하다는 고객의 목소리가 높아도 너무 높다는 거죠. 하긴 재고가 전보다 부족하니 주문이 밀려들면 낭패겠죠. 재고비용이 아니라 '회사 전체의 이익' 관점에서 봐야 하는 거죠.

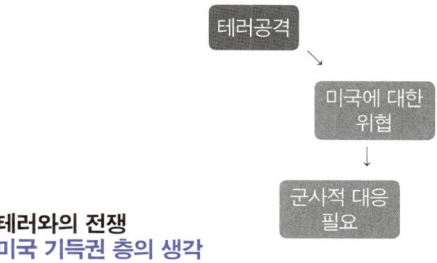

테러와의 전쟁
미국 기득권 층의 생각

풍선효과라고 들어보셨나요? 공원 화장실에서 냄새가 심하게 납니다. 그러자 공원 관리자가 화장실을 폐쇄합니다. 공원이 쾌적해졌을까요? 아닙니다. 공원 여기저기에서 노상방뇨가 일어났습니다. 세상에는 서로 관련이 없는 것 같지만 실은 가느다란 줄로 연결된 일이 많이 있습니다. 전체 최적을 위해 부분 최적을 희생해야 합니다. 이러한 사고방식이 시스템 사고입니다.

좀 더 구체적으로 살펴보죠. 테러와의 전쟁에서 미국 기득권층의 생각은 다음과 같습니다. '테러 공격이 있으면 이는 미국에 대한 위협이므로 군사적 대응이 필요하다.' 너무나 당연한 생각이죠.

그런데 테러리스트의 생각은 어떨까요? '미국의 군사력이 강해

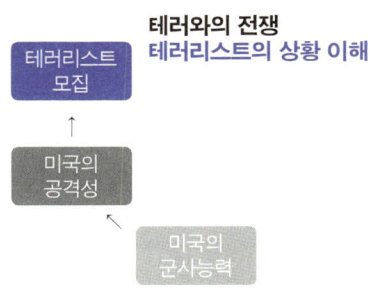

테러와의 전쟁
테러리스트의 상황 이해

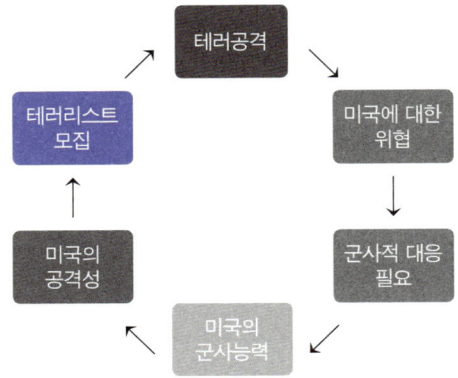

지면 이는 미국의 공격성이 강해진다는 신호다. 우리도 테러리스트 수를 늘리는 등 대책을 세워야 한다.' 이 또한 당연한 생각이죠.

문제는 이 두 가지가 결합했을 때 발생하는데요. 테러 공격이 커지면 미국에 대한 위협이 커진다고 느낍니다. 군사적 대응이 필요하다고 판단해서 군사력을 높이죠. 그러면 상대방은 미국의 높아진 군사력에 대응하기 위해 테러리스트를 더 모집합니다. 그만큼 테러 공격이 더 많아질 수 있겠죠. 그러면 미국은 위협이 커졌다고 생각하고 군사력을 더 키웁니다. 이처럼 눈덩이 굴러가듯이 변화가 점점 커집니다. 이를 '강화 피드백'이라고 합니다.

이와 반대되는 개념이 '균형 피드백'입니다. 수도꼭지를 보며 물을 따를 때를 생각하면 되는데요. 처음에는 콸콸 틀다가 원하는 양에 가까워지면 물의 양을 줄이죠. 다음의 그림에서 보는 것처럼 물컵을 채울 때도 끊임없이 피드백이 이루어지는 겁니다. '원하는 물의 높이'와 '현재 물의 높이' 간에 차이를 줄이는 거죠.

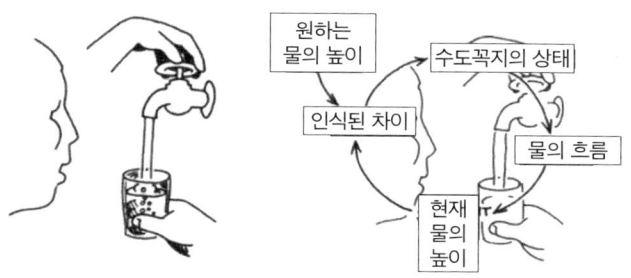

마지막으로 '지연'이라는 개념을 이해해야 합니다. 오래된 숙박 시설에 가면 샤워꼭지가 더디게 작동됩니다. 얼어붙은 몸을 녹이려 샤워 수전(온수와 냉수를 조절하는 손잡이)을 온수 방향으로 틉니다. 여전히 차가운 물이 나오죠. 답답해서 온수 방향으로 최대한 돌립니다. 여전히 차가운 물입니다. 그러다 갑자기 뜨거운 물이 쏟아집니다. 깜짝 놀라 몸을 피하고 수전을 최대한 냉수 방향으로 돌립니다. 그래도 여전히 뜨거운 물이 나오죠. 바로 '지연' 현상입니다.

기업 경영으로 눈을 돌려보죠. 연구개발 예산이 늘어나니 신제품이 더 많이 쏟아집니다. 수입이 늘어나죠. 그럼 더 많은 연구개발 예산이 배정됩니다. 기분 좋은 선순환입니다.

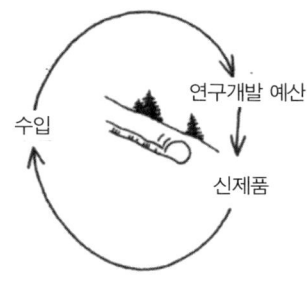

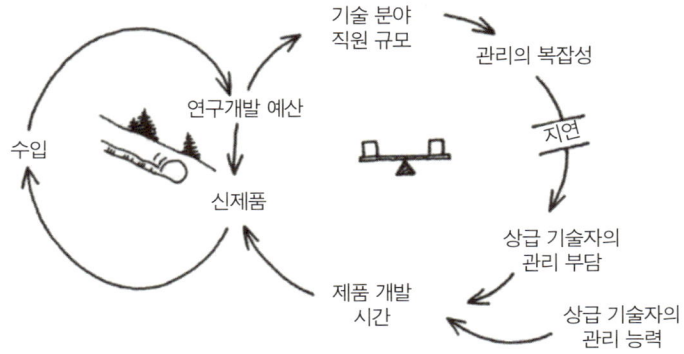

그렇지만 이러한 '강화 피드백'만 작용하는 것이 아닙니다. '균형 피드백'과 '지연'도 작동합니다. 연구개발 예산이 늘면 기술 분야 직원 수도 늘어납니다. 관리가 복잡해지죠. 연구 잘하는 사람을 뽑은 것이지 관리 잘하는 사람을 뽑은 것이 아닙니다. 그러다 보니 여기저기서 펑크가 나면서 업무에 '지연' 현상이 나타납니다. 제품 개발시간이 길어지고 신제품이 오히려 더디게 등장합니다. 생각만큼 쉽지 않습니다. 고려할 사항이 많죠. 그래서 경영을 예술이라고 하는 모양입니다.

학습조직으로 나아가기 위해 추가할 요소는 무엇인가

시스템 사고의 개념이 이해되셨나요? 학습조직으로 나아가기 위해 추가로 4가지를 더 갖춰야 합니다.

첫째, 개인적 숙련personal mastery, 즉 자기학습을 열심히 해야 합니다. 개인이 학습하지 않는데 조직이 학습하는 것은 불가능하죠. 리더는 조직구성원들이 공부의 매력을 느끼게 해주는 게 중요합니다. 60세에 접어든 삼성 CEO 출신 선배님은 이런 이야기를 했습니다. "나이를 먹고 나니 술 재미고 뭐고 다 흥미를 잃더라. 남는 건 공부하는 재미더라. 왜 좀 더 어렸을 때 이 재미를 몰랐을까 후회가 된다." 이런 진솔한 대화를 조직구성원과 나누어야 합니다.

둘째, 자기만의 세계에 빠져 있는 정신 모델mental models에서 벗어나야 합니다. 사람들은 자기가 알고 있는 범위까지만 합니다. 장님 코끼리 만지는 우화가 딱 맞습니다. 배 부분을 만지고 벽이라고 하고, 귀를 만지고 부채라고 하고, 코를 만지고 뱀 같다고 하면서 오랫동안 자신의 주장이 맞는다고 서로 싸웠다는 이야기죠. 심리학에선 확증편향confirmation bias이라고 말합니다.

미국 자동차 회사의 임원이 토요타를 벤치마킹하러 공장을 방문했을 때의 이야기입니다. 힐끗 보더니 '이거 진짜 공장이 아니잖아. 전시용이네.' 하고 외면했다는 거죠. 이유를 물었더니 재고가 안 보인다는 겁니다. 실상은 어땠을까요? 토요타의 '적시생산방식just in time'이 제대로 구현되어 재고가 없는 것인데 보고도 믿지 못했던 거죠. 이런 마음가짐으로는 새로운 지식을 받아들일 수 없겠죠.

셋째, 공유비전을 구축해야building shared vision 합니다. 리더십이란 '창조하고자 하는 미래에 대해 공유된 그림을 갖도록 하는 능력'입니다. 위픔WIIFM이란 단어가 있는데요. '그게 나에게 무슨 이

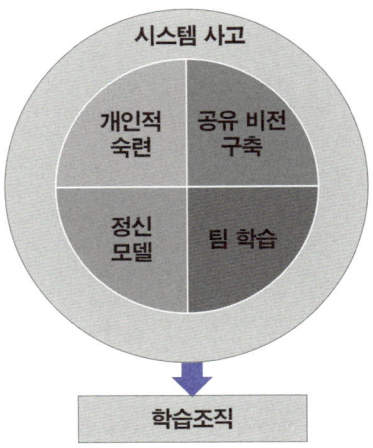

득이죠?What's in it for me?'의 약자죠. 조직이 원하는 미래상과 나의 미래상이 교차되는 부분이 크면 클수록 열심히 일합니다. 어떤 사람은 '월급을 받기 위해' 회사에 다닙니다. 다른 사람은 '일을 배우려면 돈을 내고 배워야 하는데, 지금은 감사하게도 돈을 받고' 회사에 다닙니다. 누가 열심히 할지는 물어볼 필요가 없겠죠.

넷째, 팀 학습team learning을 잘해야 합니다. 팀이 학습해야 조직이 학습하니까요. 팀 학습의 원리는 대화를 뜻하는 다이얼로그dialogue에서 출발합니다. 다이얼로그의 어원은 통과하여, 사이로라는 뜻의 디아dia와 말을 뜻하는 로고스logos입니다. 팀 학습에서 말과 의미가 자유롭게 흐름으로써 개인적으로 얻을 수 없는 통찰력을 발견하는 것을 말합니다.

대화는 토론discussion과 다릅니다. 토론은 진동percussion과 충격concussion이라는 단어와 어원을 같이합니다. 자기주장을 강하게 하면서 자기가 원하는 방향으로 상대방을 설득하는 느낌, 경쟁에서 이기려는 느낌이 강합니다. 부부지간에도 대화를 해야지 토론을 하면 문제가 되지 않을까요? 팀 학습에서도 그간 독서토론회 등 토론에만 익숙해 있다면 앞으로는 대화법을 익혀야 합니다.

만약 조직이 배라면 리더는 어떤 역할을 해야 하는가

당신의 조직이 큰 바다를 가로지르는 배라고 가정해보죠. 만약 당신이 리더라면 당신의 역할은 무엇일까요? 가장 흔한 대답은 '선장'입니다. 너무 뻔한 답이다 싶으면 '조타수' '기관장' '인사담당'을 내세우는데요. 모두 틀린 답입니다.

당신은 '선박 설계자'여야 합니다. 선박의 방향타를 왼편으로만 돌릴 수 있도록 설계되었다면 어떨까요? 또는 오른편으로 돌리는 데 6시간이 걸리도록 설계되었다면 어떨까요? 모두 상상만 해도 끔찍하죠. 서투르게 설계된 조직의 리더가 되는 것은 의미가 없습니다. 제대로 설계된 조직이 학습조직입니다. 이러한 조직을 만들어야 합니다.

3. Q&A

인간은 학습에 대한 내재적 동기를 가지고 태어나는가

정구현 이 책은 기업 경영에 대해서 아주 근본적인 질문을 던지고 있습니다. 우리는 흔히 경영과정을 기획plan하고 실행do한 후에 애초 계획대로 제대로 했는지 통제(관리)see하는 것이라고 보죠. 그런데 이 책에서는 "현재 기업의 지배적인 관리시스템이 사람을 망가뜨리고 있다. 본래 사람은 '내재적 동기, 자부심, 존엄성, 학습에 대한 호기심, 배움의 기쁨'을 타고났는데 유년시절부터 경쟁하고 평가하고 상을 주는 교육이 이런 내재적 동기를 파괴하고 있다. 기업도 마찬가지다. 목표관리, 평가제도, 인센티브가 기업 경영에 심각한 피해를 주고 있다."라고 주장합니다. 원래 이 말은 에드워드 데밍W. Deming이 저자에게 했다고 하죠. 그렇다면 원래 인간이 학습에 대한 내재적 동기를 가지고 태어난 게 맞나요? 이건 지나치게 이상적인 전제 아닌가요?

신현암 어려운 질문입니다. 공부라고 하면 일단 거부감부터 들죠. 지금 배워서 또는 고생해서 언제 써먹나 생각하면 답답하죠. 그래서 공부란 것이 누가 시켜서 하면 잘될 수가 없는 겁니다. 자발적으로 해야 하는 거죠. 그러기 위해 필요한 것이 저자가 말한 개인적 숙련 등등이죠.

사실 공부에 빠지면 즐겁습니다. 『논어』의 첫 번째 구절이 '배우고 때때로 익히면 이 또한 즐겁지 아니한가?'입니다. 가장 큰 즐거움은 배우는 즐거움인데요. 이를 조직목표 달성과 어떻게 연결시킬지가 운영의 묘라고 할 수 있겠습니다.

왜 시스템 사고가 학습하는 조직의 핵심 개념인가

정구현 저자는 학습하는 조직의 가장 큰 원칙이 '시스템 사고'라는 점을 강조하고 있습니다. 왜 시스템 사고가 학습하는 조직의 핵심 개념인가요?

신현암 영화 「올드보이」에서 "왜 당신이 15년간 감금되었는가만 생각하니까 답을 못 낸다. 왜 당신이 15년 만에 풀려났는가를 생각해야 답이 나온다."라는 명대사가 나옵니다. 문제를 제대로 봐야 해결책도 제대로 낼 수 있겠죠.

저자는 2장에서 학습의 장애요인으로 일곱 가지를 들고 있는데요. 너무 단기적이고 지엽적인 시각, 남의 탓으로 돌리기, 냄비 속 개구리boiled frog 우화, 경험의 위험, 팀워크 부족 등을 들고 있습니다. 그러니까 '시스템 사고가 없고, 전체 문제를 볼 수가 없고, 그렇게 되면 제대로 문제해결을 하지 못한다.'라는 것입니다. 문제를 제대로 보기 위해 시스템 사고가 핵심이라는 거죠.

10권

지식 창조 기업

: 조직 내 지식창조 모델은 어떻게 만들어지는가

노나카 이쿠지로와 타케우치 히로타카

1. 저자

노나카 이쿠지로와 타케우치 히로타카

노나카 이쿠지로野中 郁次郎는 도쿄 출생으로 도쿄의 한 상업고등학교에 입학합니다. 상고를 졸업하기 위해서는 부기나 주산을 잘해야 하는데 도저히 흥미도 없고 잘할 수도 없었습니다. 졸업장을 따기 위해 '대학 진학반'으로 진로를 변경하고 여러 대학에 원서를 넣습니다. 유일하게 입학 허가를 받은 곳이 와세다대학교 정치학과인데요. 정치에도 별 관심이 없어서 대충 다녔다고 합니다.

 졸업 후에 후지전기富士電機에 입사해 다양한 부서 경험을 합니다. 그런데 부서 곳곳에서 사용되는 기법들이 미국에서 온 것을 알고 유학을 결심하죠. 그의 나이 32세에 늦깎이 유학생이 된 겁니다. 1967년 캘리포니아대학교 경영대학원에 들어가 1972년에 박사학위를 받는데요. 당시 일본인 중 미국으로 유학 가서 경영학 학위를 취득한 사람은 드물었다고 합니다.

한편 타케우치 히로타카竹內弘高는 일본에서 대학 졸업 후 미국계 광고대행사에 입사합니다. 그러면서 미국 MBA 학위 취득의 필요성을 절감합니다. 캘리포니아 버클리대학교 MBA 과정에 들어가는데요. 들어간 김에 박사학위까지 취득합니다. 1977년의 일입니다. 애초 MBA 과정을 밟은 뒤 탁월한 컨설턴트가 되는 것이 꿈이었습니다. 하지만 노나카 교수를 만나면서 방향이 틀어지죠. 졸업 후 하버드대학교에서 조교수를 역임한 뒤 1984년 히도츠바시대학교로 적을 옮깁니다. 물론 그의 스승인 노나카 교수는 1982년부터 같은 대학에서 교편을 잡고 있었죠.

함께 연구자의 길을 걸으면서 1995년에 대작 『지식 창조 기업』을 완성하죠. 마치 『블루오션』의 김위찬과 르네 마보안처럼 말이죠. 이 둘은 지식창조의 이론과 실무에서 독보적 입지를 구축했습니다. 가히 '지식학의 창시자'로 불려도 조금도 손색이 없을 것입니다.

2. 핵심

일본 기업의 성공요인은 조직적인 지식창조다

일본 기업들은 1970년대 이후 미국과 유럽 기업을 위협하는 존재로 급격히 성장합니다. 그런데 미국과 유럽 기업에 일본 기업은 매우 수수께끼로 가득 찬 존재로만 보입니다. 전략다운 전략도 보이지 않습니다. 뛰어난 리더십을 발휘하는 인물이 있는 것도 아닙니다. 그런데 혁신적인 상품이나 서비스가 잇달아 나옵니다. 과연 일본 기업의 어디에 그 원동력이 있는 것일까요? 이러한 의문에 대해 일본인 노나카 이쿠지로 교수는 다음과 같이 대답합니다. "조직적인 지식창조가 일본 기업의 최대 성공요인이다."

일본 혼다자동차 사례를 살펴보죠. 1978년 혼다는 새로운 모델의 승용차를 개발하면서 『모험을 걸자!Let's Gamble!』라는 슬로건을

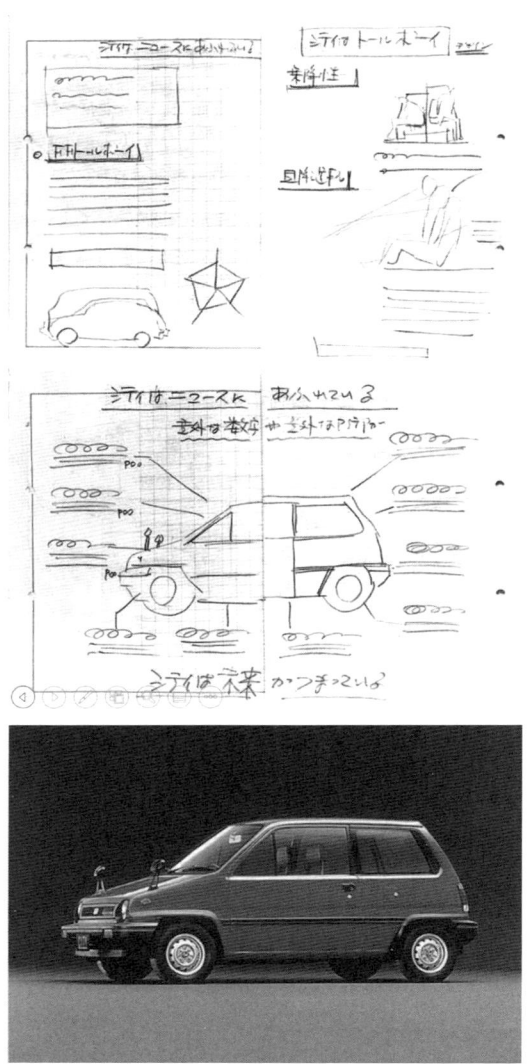

내겁니다. 혼다는 전후 베이비붐 세대가 조만간 중심 구매 세력으로 등장하리라고 판단하죠. 제2차 세계대전 이후 태어난 세대가

직장에 자리잡기 시작한 겁니다. 기존과는 전혀 다른 새로운 개념의 자동차를 만들기로 합니다. 신제품 개발 프로젝트팀도 신세대를 중심으로 구성했는데요. 평균 연령이 27세에 불과했죠. 최고경영층은 그들에게 단 두 가지 지침만을 내려보냅니다. '첫째, 기존 어느 회사의 어느 차와도 차별화되는 새로운 개념의 차를 만들어야 한다. 둘째, 싸구려도 고가품도 아니어야 한다.'

이 지침을 바탕으로 프로젝트팀 리더인 와타나베 히로오渡辺洋男는 팀원 전체가 공유할 슬로건을 제시합니다. 바로 '자동차의 진화Automobile Evolution'입니다. 팀원들은 와타나베의 슬로건을 두고 어떻게 적용해야 할지 고민하죠. 그리고 자체적으로 또 다른 슬로건 '인간의 최대화, 기계의 최소화Man - Maximum, Machine - Minimum'를 내겁니다. 프로젝트팀은 진화론적 관점에서 새로운 이미지를 창조한 건데요. '(전장은) 짧고 (전고는) 높은 차'가 그것입니다. 이 프로젝트는 '키 큰 소년Tall Boy'이라는 새로운 콘셉트로 집약되었죠. 결국 도시형 소형 승용차 '혼다시티Honda City'가 탄생합니다.

혼다시티는 지식창조 4단계 모델로 만들어졌다

노나카 교수는 혼다시티 개발 모습에서 '지식창조 4단계 모델'을 도출합니다. 흔히 세키SECI 모델이라고 부르죠.

먼저 지식의 유형을 암묵지tacit knowledge와 형식지explicit knowl-

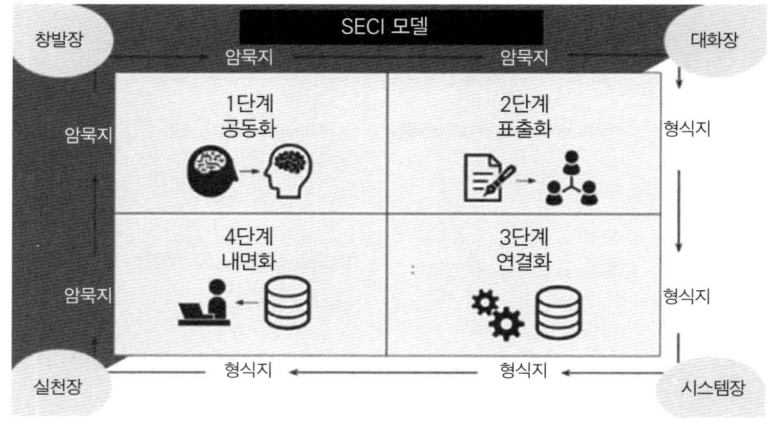

edge로 나눕니다. 암묵지는 어머니의 손맛이나 아버지의 글솜씨처럼 개인의 내재화된 경험과 노하우를 말합니다. 형식지는 문서나 매뉴얼처럼 여러 사람이 쉽게 공유할 수 있는 지식을 일컫습니다.

1단계 공동화Socialization: 암묵지에서 암묵지로

개인끼리 경험을 공유하고 새로운 암묵지를 낳는 단계입니다. 혼다는 '와이가야ヮィガャ'라는 방법으로 개별 구성원의 경험과 암묵지를 철저하게 토론하고 문제의식을 공유했습니다. 와이가야는 혼다의 용어로 직급, 연령, 성별을 따지지 않고 가볍게 '큰 소리로 떠들썩하게' 의논한다는 의미의 단어입니다. 실제로 혼다에서는 젊은 사원과 중역이 직위와 상관없이 한 사람의 인간으로서 거품을 물고 격렬히 논쟁하면서 반말로 격론을 주고받는 것이 보통이라고 합니다.

2단계 표출화 Externalization : 암묵지에서 형식지로

암묵지를 명확한 콘셉트로 표현하는 단계입니다. 앞의 사례를 보죠. '모험을 걸자'는 상부의 정책을 받고 리더인 와타나베는 '자동차 진화'라는 개념을 생각해냅니다. 그리고 멤버들에게 "차가 생명체라면 어떻게 진화할까?"라고 질문합니다. 멤버들은 논의를 거듭하여 "자동차는 구형(둥근 모양)으로 진화한다. 전장은 짧고 전고는 높은 차"라고 결론을 내립니다. 그래서 '인간의 최대화, 기계의 최소화' '키 큰 소년'의 개념이 창조되었죠.

3단계 연결화 Combination : 형식지에서 형식지로

개념을 결합하여 지식체계를 만드는 단계입니다. 혼다는 '키 큰 소년' 개념에서 도시형 자동차 '혼다시티'를 만들어냅니다.

4단계 내면화 Internalization : 형식지에서 암묵지로

개개인이 배운 암묵지를 조직에 확장하는 단계입니다. 혼다시티 개발 멤버는 프로젝트에서 학습한 경험을 이후 다양한 프로젝트에 활용합니다.

지식창조 측면에서는 미들업다운 방식이 좋다

서구의 시각에서 볼 때 각각의 슬로건은 추상적인 단어의 나열에

톱다운	GE	**피라미드 형태······ 최고경영자 만이 지식창조** "여러 개의 계층 구조를 가진 기업의 지도자들은 추운 겨울날 몇 겹의 스웨터를 입은 사람처럼 그를 둘러싼 혹독한 외부환경을 미처 깨닫지 못하게 됩니다."
바텀업	3M	**평면적·수평적······ 일선근로자가 지식 생성······ 상급관리자는 일선근로자의 스폰서 역할만을 수행** "대장은 피가 날때까지 자기 혀를 물어 뜯었다 (1) 믿음 (2) 인내 (3) 일차적인 실패와 영원한 실패를 판가름할 능력"
미들업 다운	캐논 외	**복사기 개발······ 1회용 카드리지······ 맥주 캔을 들고 주위를 바라보며······ "복사기의 AE-1(일안 리플렉스 카메라)을 만들자!"** 누군가 100개 중 1개가 좋다고 하면 연구개발 부서는 진행 vs 누군가 100개 중 1개가 안 좋다고 하면 생산 부서는 원점에서 다시 출발

불과할지 모릅니다. 하지만 저자들은 이러한 추상성이 조직원들 사이에 공유되면서 새로운 지식이 창조된다고 강조하죠. 예컨대 새로운 콘셉트가 제시되면 조직원들은 이 콘셉트의 수용 여부를 생각하게 되고 다시 새로운 콘셉트를 만들어내고, 또 이 새로운 콘셉트를 공유하는 과정을 반복한다는 겁니다. 계속되는 혼란 속에서 조직원들 사이에 정보가 공유되고 이것이 다시 조직의 지식으로 전환됩니다. 그래서 지식창조의 측면에서 볼 때 바람직한 경영 스타일은 톱다운이나 바텀업이 아니라 '미들업다운'이라고 강조합니다.

1980년대 GE는 톱다운 경영 스타일로 유명했습니다. 피라미드 형태로 최고경영자만이 지식을 창조합니다. 문제는 구중궁궐에 갇힌 임금님처럼 여러 계층에 둘러싸여 있으면 혹독한 외부환경의 변화를 느끼지 못한다는 단점이 있습니다. 3M은 바텀업의 대명사죠. 일선 근로자가 지식을 생성하지만 역량이 부족하죠. 상급관리자는 스폰서 역할만 수행하는데 제대로 지식을 생성하지 못하는 후배를 보며 이를 악뭅니다. 후배에 대한 믿음, 인내, 일차적인 실패와 영원한 실패를 판가름할 능력을 상급관리자가 지녀야 하죠.

캐논의 복사기 개발 성공은 미들업다운, 즉 중간관리자 주도형이었습니다. 캐논 경영진은 대형 복사기 시장을 제록스가 주도하던 시절에 미니 복사기 개발을 지시합니다. 손쉬운 유지보수와 저렴한 비용이 관건이었죠. 핵심은 복사기의 카트리지나 드럼을 어떻게 저렴하게 만드느냐에 달려 있었습니다. 개발팀은 고민 끝에 캔맥주에서 실마리를 찾았습니다. 팀원들은 알루미늄 맥주 캔의 제조과정을 연구하여 값싼 복사기 드럼을 개발하는 데 성공했죠. 100분의 1의 가능성이라도 있으면 실행에 옮기는 연구개발 정신의 승리였습니다.

최고경영층은 기업 내 전 사업부문에 공통으로 적용되는 새로운 콘셉트인 '그랜드 디자인'을 제시하면 충분합니다. 중간관리자는 최고경영자의 이상과 일선 종업원의 '혼돈의 현실chaotic reality'을 연결하는 교량 역할을 하죠. 혼다시티의 탄생 과정에서 프로젝트 리더 와타나베가 그랬던 것처럼 일선 종업원들의 경험을 고위 경영자에게 전달하고 다시 제품의 형태로 구체화하는 일이 중간관리자의 역할입니다.

조직 내 지식창조가 되려면 어떤 조직이 필요한가

조직 내에서 지식창조가 이루어지려면 몇 가지 유발조건이 있습니다. 먼저 의도intention입니다. '지식창조를 이루겠다는 의지가 강해야 한다.' 정도로 보면 되겠습니다. 자치autonomy는 가능한 개인 레벨에서 자유롭게 활동하는 것을 말합니다. 변동fluctuation과 창조적 혼란creative chaos도 필요하죠. 편안한 장소에서 긴장을 풀고 있을 땐 예리한 사고를 할 수 없습니다.

"지혜는 벼랑 끝에 서 있는 사람이나 생존을 위해 치열한 싸움을 벌이는 사람에게서 나오는 것이다. 처절한 싸움 없이는 결코 IBM을 능가할 수 없다."

후지츠의 고바야시 타이유小林大祐 회장이 한 말입니다. 음미할

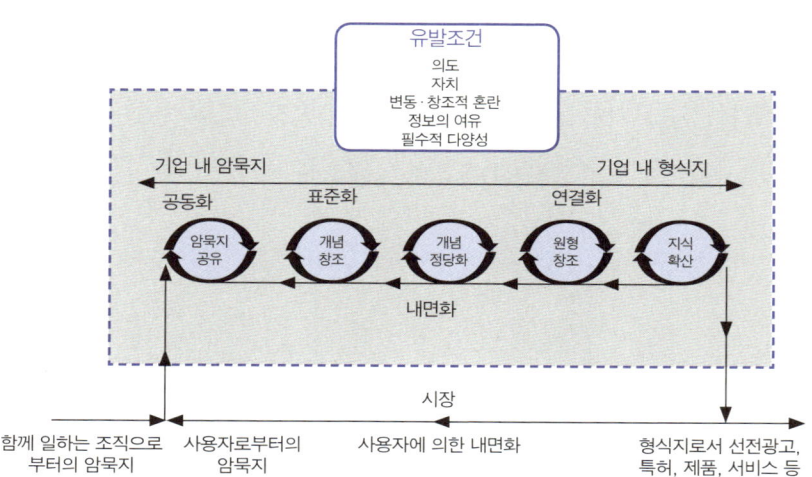

조직 내 지식창조 5단계 모델

필요가 있습니다. 정보의 여유redundancy는 혼다의 브레인스토밍 캠프와 퇴근 후의 음주 모임처럼 여유로움 속에서 구성원 간의 빈번한 대화와 의사소통이 선행 요건임을 말합니다. 필수적 다양성 requisite variety은 사내 정보에 대해 동등한 수준으로 접근해서 서로 금방금방 말귀를 알아들을 수 있어야 한다는 겁니다. 회사 언어에 대해 필수적으로 이해하고 있어야 한다는 거죠. 예를 들어 이건희 회장이 신경영을 추진하던 시절에 삼성에 근무하던 사람은 '메기론' '청기와장수론' '마하론' '뒷다리론'이 무슨 의미인 줄 알아야 하는 거죠.

조직 내 지식창조는 5단계로 만들어진다

'암묵지 공유 → 개념 창조 → 개념 정당화 → 원형 창조'의 과정을 반복해서 진행합니다. 일정 수준에 도달하면 '지식 확산' 단계로 발전하죠. 마쓰시타의 가정용 제빵기 사례를 살펴보죠.

1980년대 중반 마쓰시타는 가정용 제빵기 시장에 눈독을 들입니다. 서구식 식단이 급속히 침투되면서 가정용 제빵기의 가능성을 엿본 거죠. '쉽고 풍부함easy and rich'이란 콘셉트를 도출하는데요. 만들기 쉽고 풍부한 맛을 지닌다는 의미죠. 개념은 좋았는데 현실은 그렇지 못했습니다. 밀가루 반죽이 문제였습니다. 일류 제빵 기술자들이 만든 제품을 가져다가 엑스레이로 분석까지 했지만

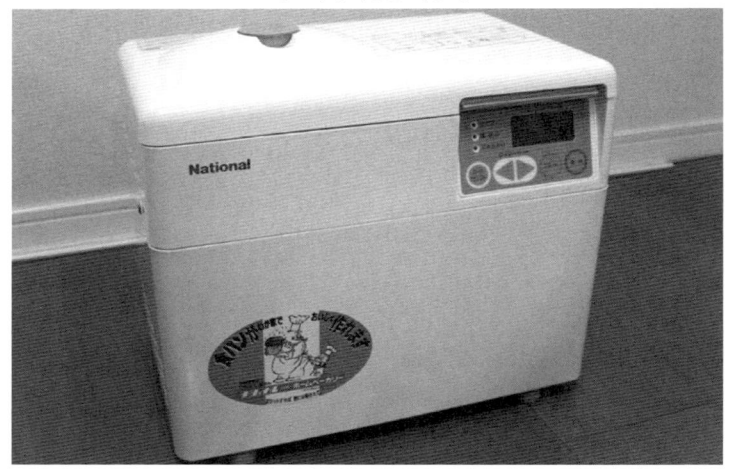

마쓰시타 가정용 제빵기

해결하지 못했습니다.

혁신의 조짐이 보인 건 그 순간이었습니다. 프로젝트 팀원인 다나카 이쿠코田中郁子가 오사카 국제호텔에서 빵을 만드는 주방장과 함께 생활하면서 제빵 기술을 배워오겠다는 제안을 합니다. 주방장과 함께 생활하면서 관찰, 모방, 연습을 통해 제빵 지식을 습득했죠. 그 과정에서 3년간 5,000개의 빵을 시식합니다. 결국 비법을 찾아내는데요. 맛있는 빵을 만드는 것으로 유명한 이 주방장의 비결은 반죽된 빵을 꽈배기처럼 꼬는 것이었습니다. 그 후 마쓰시타는 반죽을 꼬는 트위스팅 기술을 제빵기에 접목하는 데 성공합니다.

이제 상용화를 위한 설계, 품질 안정화, 비용 절감이 요구되는 단계입니다. 전체 비용을 줄여서 제품의 소비자가격을 4만 엔 미만이 되도록 해야 했습니다. 생산 단가를 낮추는 데 가장 큰 문제는

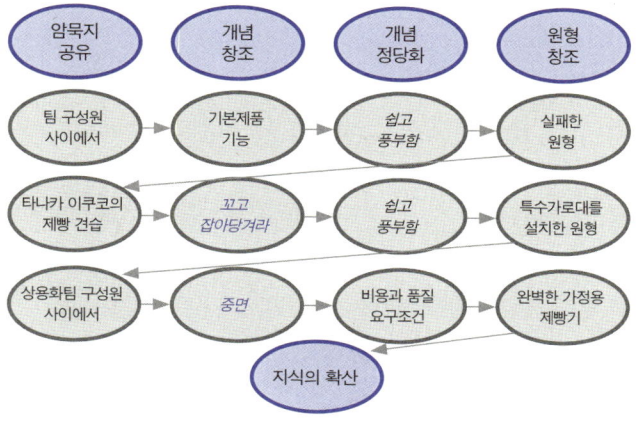

고가의 이스트 냉각기였습니다. 반죽이 고온에서 지나치게 발효되지 않도록 온도를 조절하는 역할을 합니다. 어떻게 하면 비용을 낮출 수 있을까 고민하다가 획기적으로 발상의 전환을 합니다. 재료들을 반죽할 때 이스트를 최종 단계에 첨가하도록 하는 거죠. 온도 변화에 따른 지나친 발효 요인을 원천적으로 없애는 것입니다. 이 기법을 중면中麵이라고 합니다. 당연히 이 기술을 특허로 냈는데요. 이 기술은 후발 주자들을 따돌리는 데 효자 노릇을 했습니다.

하이퍼텍스트 조직을 만들어라

하이퍼텍스트hyper text 조직은 입체적인 3차원 구조로 표현됩니다. 각각 '프로젝트팀 계층' '사업단위 계층' '지식기반 계층'입니다.

'프로젝트팀 계층'은 혼다시티를 탄생시킨 프로젝트팀을 예로 들 수 있는데요. 여러 부서 사람들이 모여 새로운 지식을 창출합니다. 그런데 이 팀 멤버도 평소에는 여러 '사업 단위 계층'에 속해 있죠. 그곳에서 일상적인 업무를 하다가 프로젝트가 진행되면서 모인 거죠. 프로젝트가 종료되면 원래 부서로 돌아갑니다. '지식기반 계층'은 실질적인 조직 형태로 존재하지는 않습니다. 기업 비전, 문화, 기술, 데이터베이스 형태로 지식이 축적되고 교환되는 지식 저장소 역할을 합니다.

하이퍼텍스팀은 동일한 조직 내 완전히 다른 세 가지 층이 동시에 존재합니다. 구성원들은 상황에 따라 세 가지 층을 자유롭게 이동하죠. 관료제와 프로젝트팀의 결합으로 양자 간의 장점을 활용하는데요. 외부의 새로운 지식을 습득하기가 쉽습니다.

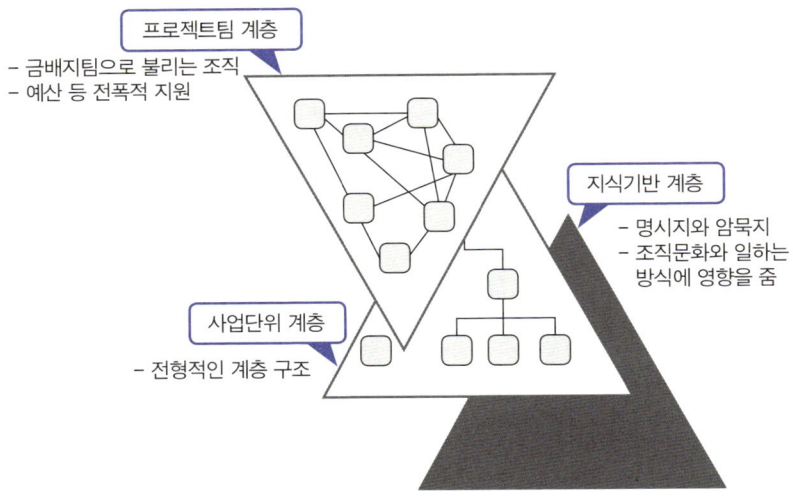

3. Q&A

형식지가 다시 암묵지가 된다는 것은 무엇인가

정구현 이 책의 핵심 내용인 암묵지와 형식지에 대해서 질문을 하나 하겠습니다. 암묵지가 형식지로 전환되는 건(표출화) 알겠는데 형식지가 다시 암묵지가 된다는 건(내면화) 무슨 뜻인가요? 형식지가 다른 암묵지를 낳는다는 뜻인가요? 통찰력이 생긴다는 뜻인가요?

신현암 A프로젝트에서 지식을 취득한 멤버가 프로젝트 종료 후 다시 원래 부서에 배치되는데요. 그러면서 그가 했던 경험을 자기 업무에 활용하는 단계를 말합니다. 그리고 프로젝트에 또 한 번 차출될 수 있습니다. 그러면 그 팀 안에는 본인 외에도 B프로젝트, C프로젝트를 경험한 사람들이 모이겠죠. 그들이 토론하면서 암묵지에서 암묵지로 새로운 지식이 생성되면 이는 공동화의 단계로 볼 수 있습니다.

지식창조 과정이 다른 형태의 기업에도 적용되는가

정구현 지식이 기업경쟁력의 핵심이라는 것은 전혀 새로운 말이 아니지 않나요? 이 책은 암묵지와 형식지를 중심으로 교차적 확대(공동화, 표출화, 내면화, 연결화)를 통해서 개인의 암묵지가 조직의 형식지가 되고 더 나아가서 신제품 개발과 혁신을 가져오는 과정을 자세히 설명하고 있습니다. 여기에 대해서 두 가지로 비판이 가능합니다. 첫째는 지식의 한계입니다. 기업에서 유용한 지식은 제품과 공정기술, 마케팅과 상표, 그리고 경영지식으로 나눌 수 있는데요. 이 책에서 말하는 지식창조는 주로 신제품 개발 과정에 초점을 두고 있죠. 이 지식창조 과정이 기업의 다른 형태의 지식에도 적용될까요? 예를 들면 마케팅이나 브랜드 관리 같은 분야에도 적용될까요?

신현암 토론 과정을 거쳐 더 나은 아이디어가 실현되는 분야라면 모두 가능하다고 봅니다. 마케팅도 늘 하던 마케팅이 아니라 '이러한 식으로 해보면 어떨까?'를 토론하고 그에 따라 내려진 결론이 시행된다면 이 또한 지식창조입니다. 그리고 그 과정과 결과는 그 회사의 데이터베이스에 저장되겠죠. 브랜드 관리도 그냥 늘 하던 대로 한다면 의미가 없겠죠. 새로운 브랜드 관리 기법을 개발해보자고 한다면 지식창조로 볼 수 있습니다.

일본식 경영이 서양 기업에도 적용이 가능한가

정구현 둘째는 일본 문화의 영향입니다. 이 책에는 일본인이 가진 독특한 세계관(애매모호함, 여유로움, 전체론적 접근 대 서양의 2분법적 사고 등)이 이러한 지식창조 과정에 영향을 미친다고 주장하는데요. 그렇다면 이 접근도 역시 '일본적 경영'의 한 아류라고 할 수 있지 않을까요? 즉 일본의 문화는 독특하니까 일본의 경영도 독특하다는 주장인가요? 책의 결론 부분에서는 이 이론이 서양 기업에도 적용된다고 주장하고 있기는 한데요. 이 이론이 보편적인 이론이라고 할 수 있을까요?

신현암 보통 일본 기업문화는 위에서 결정하면 군말 없이 따르는 스타일인데요. 이 책의 사례로 등장하는 기업들은 그렇지 않죠. 소위 계급장 떼고 윗사람과 토론하는 문화가 있습니다. 서구형에 가깝죠. GE와 같은 톱다운이나 3M과 같은 바텀업이 아니라 미들업다운을 강조한다는 점에서 좀 특이한 점이 있습니다. 하지만 이는 국가별 속성은 아닌 듯합니다. 결론적으로 일본만의 유형은 아닙니다.

11권

균형성과관리지표

: 어떻게 미래조직을 위한 성과측정을 할 것인가

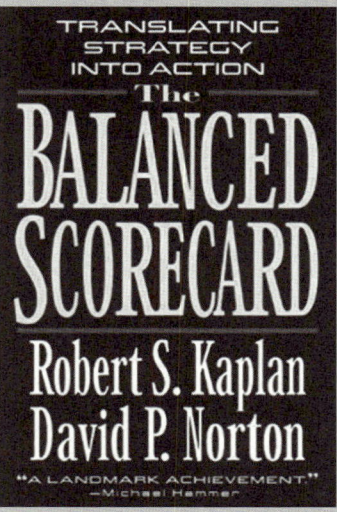

로버트 S. 캐플런과 데이비드 P. 노튼

1. 저자

로버트 S. 캐플런과 데이비드 P. 노튼

MIT에서 전기공학을 전공한 로버트 S. 캐플런Robert S. Kaplan은 카네기멜런대학교에서 교편을 잡으며 경력을 쌓기 시작합니다. 같은 학교에서 1977년부터 1983년까지 학과장으로 일한 뒤 1984년 하버드 비즈니스 스쿨로 옮깁니다.

한편 데이비드 P. 노튼David P. Norton은 플로리다공과대학교에서 학부와 석사를 했습니다. 그리고는 경영학 박사학위를 하버드대학교에서 받았죠. 노튼은 학자보다는 컨설턴트의 길을 걷고 싶었습니다. 35세라는 젊은 나이에 그의 동료인 리처드 놀란Richard L. Nolan과 함께 놀란, 노튼 앤 컴퍼니Nolan, Norton & Co를 설립하죠. 이 회사는 1987년에 세계 4대 회계법인 중의 하나인 KPMG에 인수

합병됩니다(미국에서 대형 기업에 인수되었다는 것은 그 회사가 아주 잘 나가고 있다는 신호입니다). 1992년까지 파트너로 일하다가 1993년에 성과측정과 조직혁신을 전문으로 하는 컨설팅 회사 르네상스 솔루션Renaissance Solution을 설립합니다.

1990년 노튼은 KPMG의 후원을 받아 프로젝트를 진행하는데요. 이때 캐플런 교수가 자문 역할을 합니다. 연구 결과를 집대성해서 '균형관리성과지표BSC, Balanced Scorecard를 탄생시켰죠. 미국 내 다수기업이 이 개념을 받아들였는데요. 1997년에는 조사대상인 미국 기업의 64%가 균형관리성과지표BSC와 같은 다면적인 업적평가 방식을 받아들였다고 말했습니다.

캐플런 교수는 이러한 공적에 힘입어 '회계학 전당'에 입성합니다. 2020년에는 ESG 열풍이 전 세계적으로 불었는데요. 캐플런 교수도 『하버드 비즈니스 리뷰』에 ESG와 BSC를 접목한 글을 실었습니다. 노교수의 열정이 돋보입니다.

2. 핵심

왜 기업 경영에 종합적으로 분석하는 지표가 필요한가

이런 상상을 해보죠. 당신이 최신식 비행기를 탔는데 마침 조종실 견학 기회가 주어졌습니다. 그런데 그곳에 계기판이 단 하나만 있는 겁니다. 어떤 계기판인가 봤더니 '속도'를 측정하는 계기판이었죠. 조종사에게 묻습니다. "고도계도 필요하지 않나요?" 조종사는 이렇게 말합니다. "지난번 몇 번 비행에서 고도에 신경을 썼어요. 이제 굳이 측정하지 않아도 문제없을 정도가 되었어요." 깜짝 놀랐지만 진정하고 다른 질문을 합니다. "아, 그렇군요. 그런데 연료계 측기도 없네요. 최소한 연료가 얼마나 남았는지는 알고 비행해야 하지 않을까요?" 그러자 조종사는 이렇게 대답합니다. "연료도 중요하죠. 그런데 여러 가지를 동시에 처리할 수 없잖아요? 그래서 이번 비행에는 속도만 중시하고 고도나 연료 소비는 신경을 쓰지 않고 비행하고자 합니다."

가상 상황입니다만 이런 비행기를 타려는 승객은 아무도 없겠죠. 물론 현실은 수많은 계기판이 달려 있습니다. 노련한 기장님이 수많은 정보를 동시에 처리하면서 안전하게 승객을 목적지까지 데려다주죠. 요즘 회사 운영은 최신식 비행기를 조종하는 것만큼이나 복잡합니다. 그런데 왜 CEO들은 노련한 조종사처럼 일체의 계기판full battery of instruction을 필요로 하지 않을까요? 탁월한 미래의 성과를 모니터할 수 있는 다각적인 계측기를 고안하고 설치할 필요가 있지 않을까요?

그래서 기업을 종합적으로 분석하는 지표를 만들고자 했던 사람들이 하버드대학교 회계학과 교수인 로버트 S. 캐플런과 경영 컨설턴트인 데이비드 P. 노튼입니다. 1992년 그들은 『하버드 비즈니스 리뷰』에 「균형성과관리지표: 성과를 끌어내는 측정지표들The Balanced Scorecard: Measures That Drive Performance」이라는 논문을 실습니다. 논문은 4년 후 책으로까지 출간됐습니다.

재무 지표만 중시하면 단기 집착과 주주 집착에 빠진다

이 책의 출발점은 '미래의 조직을 위한 성과측정'을 주제로 한 연구입니다. 1990년 당시 KPMG 산하 놀런노튼 연구소에서 1년간 연구를 했는데요. 노튼이 연구책임자였고 캐플런이 자문을 맡았습니다. 그런데 연구하면 할수록 재무성과측정지표에만 의존하는 것은 미래의 경제가치 창출에 장애가 된다는 확신이 들었습니다. 단기적, 재무적 성과 목표만을 지향할 것이 아니라 다음의 그림에서 보듯 다양한 관점 간의 균형을 반영할 필요성을 느꼈습니다.

사업을 위한 현재까지의 측정시스템은 재무적인 것이 전부였습니다. 그래서 회계시스템은 '사업의 언어'로 불려왔습니다. 재무적 거래의 역사는 상업 거래를 촉진하기 위해 부기를 사용했던 이집트인, 페니키아인, 수메르인의 시대인 수천 년 전으로 거슬러 올라갑니다. 투자수익률ROI, 현금예산cash budget과 같은 멋진 지표를 만들어낸 것도 오랜 역사를 지닌 회계시스템 덕분이죠.

하지만 재무 지표만 중시하면 단기 집착과 주주 집착에 빠지게 됩니다. 장기적 관점이나 고객 관점이 부족해지는 거죠. '제록스는

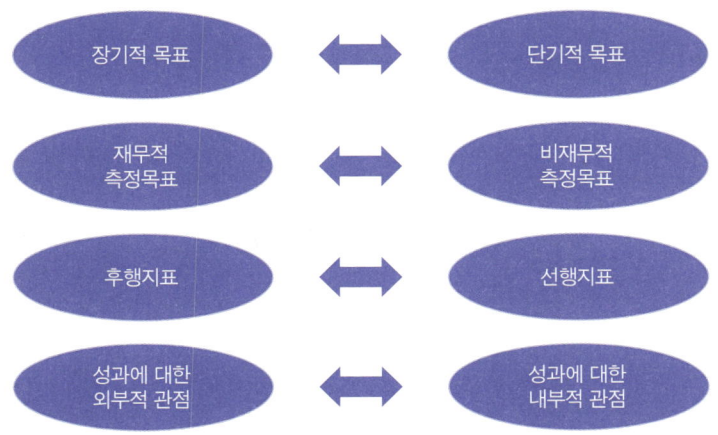

임대 모델rental model로 성공했다.' '캐논이 소형 복사기로 제록스를 타도했다.'라는 이야기는 사실 겁니다. 그런데 이 이야기도 인과관계가 있습니다. 제록스가 임대 모델을 만들 당시만 해도 복사기 시장은 제록스가 독점하고 있었습니다. 품질에 소홀히 하고 고장과 오작동이 많이 났습니다. 심지어 고장이 난 동안에도 복사를 해야 해서 기업은 별도의 복사기를 구매해야만 했습니다. 제록스의 판매, 수익, 투자수익률ROI 수치가 좋아진 만큼 고객은 '울며 겨자 먹기'로 복사기를 사야만 했죠. 1955년부터 1975년까지 제록스는 가장 성공적인 회사였지만 고객의 마음은 이미 떠나 있었습니다. 이때 경쟁사가 등장하자 고객은 기다렸다는 듯이 제록스를 떠났고 순식간에 망하기 일보 직전까지 갔는데요. 그나마 1980년대부터 품질과 고객서비스에 열정을 가진 새로운 CEO가 등장해서 부활할 수 있었던 거죠.

균형관리성과지표는 어떤 관점에서 개발됐는가

전통적인 재무지표는 당연히 필요합니다. 하지만 이것만으로는 부족합니다. 그래서 저자는 재무financial, 고객customer, 업무 프로세스internal business process, 학습 및 성장learning and growth이란 4가지 관점으로 구성된 균형관리성과지표를 개발했습니다.

이 지표는 전략을 운영상의 용어로 전환한 것입니다. 따라서 비

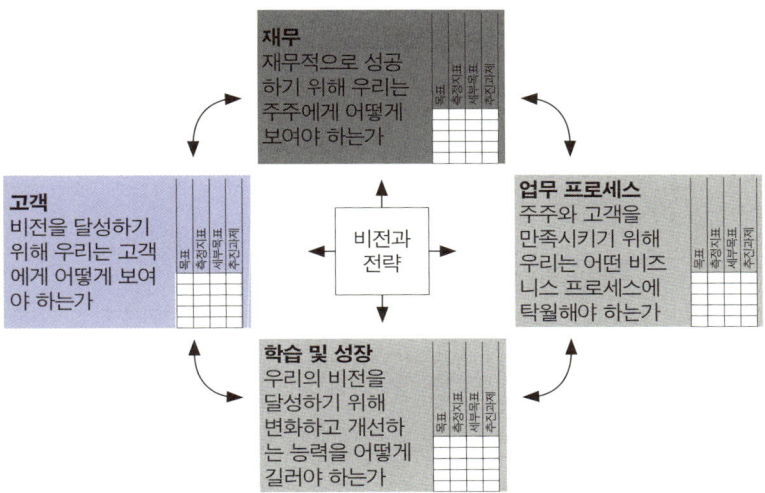

전과 전략이 먼저 완성되어야 합니다. 그다음 각각 4가지 관점에서 바라보아야 합니다. 재무 관점에서는 '우리는 재무적으로 성공하기 위해 주주에게 어떻게 보여야 하는가?'를 고민할 것입니다. 마찬가지로 고객 관점 등 다른 관점에서도 어떻게 보여야 할지 고민해야 하죠. 한편 고민만 해서는 안 되고 구체적인 측정지표, 세부목표, 추진과제까지 수립해야 합니다. 하나하나 살펴보죠.

1. 재무 관점

매출, 수익 등 수많은 지표가 있습니다. 그중 우리에게 필요한 지표가 무엇인지 찾는 게 중요합니다. 현재 사업 단계가 성장growth, 유지sustain, 수확harvest 중 어디에 있는지 파악합니다. 성장 단계에 있다면 매출액 증가율이 중요할 것이고 수확 단계라면 이익률이

			전략적 주제		
			매출 성장과 믹스	원가절감, 생산성 향상	자산활용률, 투자전략
사업 단위 전략	성장	매출 성장률	-세분시장별 매출 성장률 -새로운 제품, 서비스, 고객으로부터의 수입이 차지하는 비율	-직원당 수익	-투자 비율 (매출액 대비) -연구개발 비율 (매출액 대비)
	유지	투하자본 수익률	-타깃고객과 시장 점유율 -교차판매 -새로운 응용을 통한 수익 비율 -고객·제품라인별 수익성	-경쟁자 대비 원가 -원가절감율 (매출액 대비) -간접비 비율	-운전자본 비율 (현금순환 사이클) -주요 자산별 투하자본 수익률 -자산활용률
	수확	현금 흐름	-고객·제품라인별 수익성 -수익성 없는 고객 비율	-단위원가(산출단위 및 거래량)	-현금회수 -산출량

중요할 것입니다. 성장 단계에 있다면 매출액 대비 연구개발 투자율이 핵심지표가 되겠지만 수확 단계라면 현금 회수율이 핵심지표가 됩니다.

2. 고객 관점

과거의 회사들은 품질을 향상하고 기술을 혁신할 수 있는 내부 역량을 키우는 데 집중했습니다. 그러나 고객의 니즈를 이해하지 못하는 회사는 결국 경쟁에서 도태되죠. 따라서 요즘 회사들은 외부, 즉 고객에게 초점을 맞추고 있는데요. 회사의 사명선언문이나 비전선언문에 '고객에게 가치를 제공하는 데 최고가 되자.'라는 내용을 담고 있죠. 이를 구체적으로 측정할 수 있는 지표로 전환하는

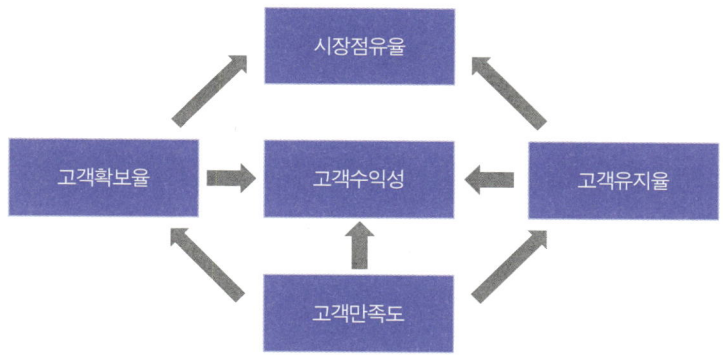

게 중요합니다.

　두부 회사가 '고객에게 최고의 두부를 제공하자.'라는 미션을 세웠다고 하죠. 고객이 무엇을 바라는가는 산업에 따라 다를 수 있는데요. 전반적으로는 '시간' '품질' '비용' 등을 따집니다. 여기서는 두부의 신선도를 중시하는 고객이 주요 타깃이라고 가정해보죠. 그러면 '만든 지 12시간 내 고객의 손에 다다를 수 있게 하겠다.' 등의 지표를 설정하고 주 단위로 달성률을 관리하면 됩니다.

　좀 더 자세히 나타내보죠. 출발점은 고객만족도입니다. 고객이 만족해야 떠나지 않습니다(고객 유지율). 소문을 듣고 새로운 고객이 찾아옵니다(고객 확보율). 이 두 요소가 고객수익성과 시장점유율에 영향을 미칩니다.

　요즘엔 고객만족도 대신에 순추천지수NPS, Net Promotor Score를 사용하기도 합니다. 고객만족도로 측정할 때 좋은 점수를 부탁하면 거절하기 어렵기 때문입니다.

> **순추천지수**
>
> 현재 고객이 구입한 제품과 서비스에 대해 동료에게 추천할 가능성을 0단계에서 10단계 사이에서 골라달라고 요청합니다. 별로 추천하고 싶지 않은 고객도 나쁘게 써봐야 득이 될 것이 없으니 대충 5나 6을 고릅니다. 순추천지수의 논리는 9나 10을 고른 비율에서 6 이하를 고른 비율을 빼는 것입니다. 중간인 5나 6을 골랐다는 것은 마음에 안 들었다고 보는 거죠. 100명이 있는데 모두 9점 이상이라면 +100점입니다. 모두 6점 이하라면 －100점입니다. 일반적으로 50점 이상이면 잘한 것으로 봅니다.

3. 업무 프로세스 관점

여기서 목표와 측정지표는 앞서 설정한 두 가지 지표, 즉 주주와 타깃 고객의 기대를 충족시키기 위한 목표로부터 도출됩니다. 따라서 재무지표와 고객지표가 도출된 다음에 생성되죠. 단순히 기존 업무 프로세스를 더 잘하기 위한 지표가 아니라 완전히 새로운 지표가 등장한다는 것인데요. 어떤 건설회사 이야기를 해보죠. 건설 프로젝트가 끝나갈 무렵에 외상 매출금의 최종지급일이 계속 늦어집니다. 당연히 그만큼 재무 지표가 나빠지겠죠. 그래서 외상 매출금 담당 부서 직원에게 매출 대금 회수의 중요성을 교육시켰는데도 별 효과가 없는 겁니다. 알고 보니 프로젝트 완료에 대한 건설사와 고객의 개념이 달랐던 거죠. 예를 들어 수송관 용접 일을

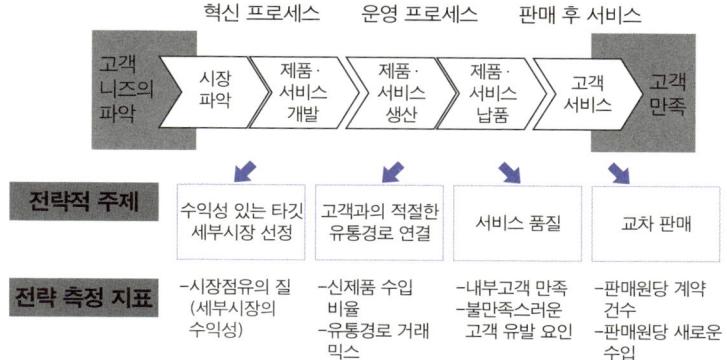

했을 때 건설사는 용접하고 마치면 일이 끝난 것으로 보는데 고객은 주변 청소까지 깨끗이 되어 있어야 일이 끝난 것으로 보는 겁니다. 따라서 고객과 프로젝트의 종료 시점과 방법에 대해 지속적으로 대화하는 프로세스를 추가함으로써 재무 지표와 고객 지표 향상을 동시에 달성할 수 있었죠.

구체적으로는 혁신 프로세스, 운영 프로세스, 판매 후 서비스로 나눕니다. 그리고 각각에 대해 전략적 주제를 설정하고 그에 걸맞은 핵심 지표를 설정하죠. 업종마다 회사마다 어떤 주제를 다룰지, 어떤 지표를 설정할지는 다릅니다. 위의 그림은 메트로은행Metro-bank의 사례입니다. 항목 하나하나를 살펴보면 우리 회사는 어떤 것을 전략적 주제 또는 핵심 지표로 삼아야 할지 알 수 있을 겁니다.

4. 학습 및 성장 관점

여기서는 앞서 설명한 『학습하는 조직』을 참고하면 좋습니다.

시스템 사고, 개인 마스터리, 정신 모델, 비전 공유, 팀 학습의 다섯 단어의 의미를 다시 한번 짚어보세요. 왜 직원의 역량을 높여야 하는지 살펴보죠. 어떤 은행에 고객이 계좌를 새로 개설하고 싶다고 찾아왔습니다. 창구 직원은 친절하고 성실하게 응대했고 고객은 만족했습니다. 이게 다일까요? 실은 중대한 기회를 놓쳤습니다. 아파트 보유 여부, 자동차 보유 여부와 사용연수, 신용카드 개수와 종류, 연간 수입, 자녀 수와 나이 등등의 정보를 확인했다면 더 광범위한 금융 상품과 서비스, 예를 들어 주택저당, 학자금 마련을 위한 저축, 보험증권 등을 제안할 수 있었겠죠.

물론 그러기 위해선 은행원들도 상품에 대한 교육을 받아야 하는데요. 고객의 요청을 단순하게 처리하는 은행원에서 능동적이고 믿을 수 있는 금융상담가로 변신시키기 위해선 수년간의 교육 프로그램이 필요합니다. 이를 단순히 훈련 교육비로 볼 것인지, 아니면 균형관리성과지표BSC에 입각해서 결국 수익창출에 기여하는 핵심요소로 볼 것인지를 판단해야 합니다.

고객 관점에서 출발점이 고객만족도라면 학습과 성장 관점에서는 직원만족도입니다. 직원만족도가 높아야 잔존율도 높아지고 직원생산성도 높아집니다. 그런데 고객만족도와는 달리 직원만족도에는 선행변수가 있습니다. 직원의 역량, 기술 인프라 구조, 조직 분위기인데요. 어떻게 직원 개개인의 역량을 높일 것인가, 어떻게 사무환경을 탁월하게 만들 것인가, 어떻게 일에 몰두할 수 있는 조직 분위기를 만들 것인가 등에 대한 고민이 필요합니다.

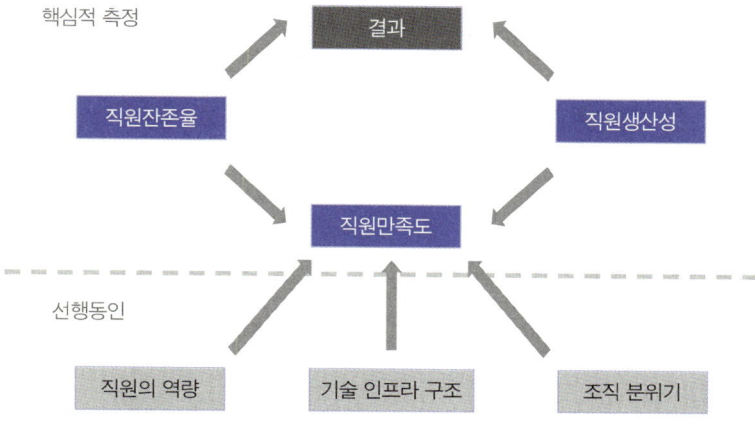

균형관리성과지표는 인과관계로 연결되어 있다

이 네 가지 관점은 인과관계로 연결되어 있습니다. 학습 및 성장 관점에서 '직원의 역량'을 높입니다. 그럼 업무 프로세스 관점에서 '프로세스의 질'이 향상되고 '프로세스 사이클 타임'이 단축됩니다. 이는 고객 관점에서 '적시 납품률'이 향상되고 '고객충성도'가 높아집니다. 결국 재무 관점에서 '투하자본 수익률'이 높아지겠죠. 이처럼 네 분야의 지표는 물 흐르듯 자연스럽게 연결되어야 합니다. 조금 이상하다 싶으면 다른 지표로 바꿔야 하죠.

불조심 우화가 있습니다. CEO가 임원회의 때 11월에 화재가 자주 발생하니 불조심해야 한다고 말합니다. 이 내용을 임원이 팀장

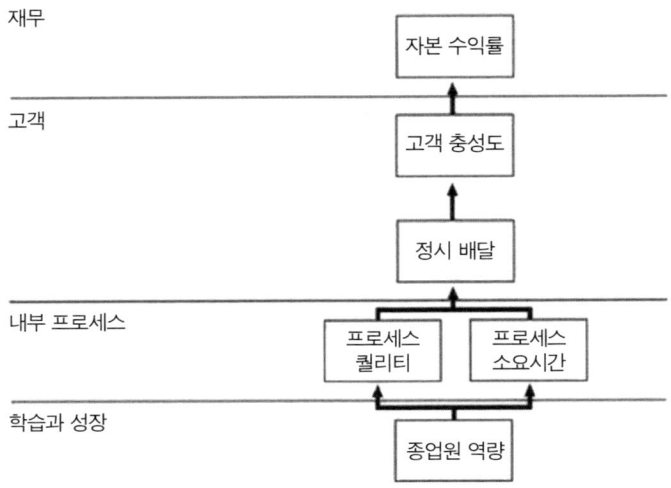

에게 전달했고 팀장은 팀원에게 잘 전달했습니다. 그런데 그날 밤 공장에 불이 납니다. 위에서 불조심이라고 얘기하면 현장에선 '공장 순찰을 1회에서 2회로 강화, 소화기를 2배로 구입하여 촘촘하게 배치, 월 1회 소방훈련' 등 구체적인 측정지표가 나와야 하죠.

목표지표 간의 균형도 중요합니다. 그래서 균형balanced이라는 단어가 들어갔죠. 『학습하는 조직』에서 소개했듯 재고비용 감소를 위해 재고를 무리하게 줄이면 영업부서에서 납기에 관한 고객의 불만의 소리가 높다는 비명이 나옵니다. 부분 최적이 아니라 전체 최적을 지향하기 위해, 각 지표가 다른 지표에 어떤 영향을 미치는지 종합적으로 살펴보기 위해 균형관리성과지표가 필요합니다.

3. Q&A

업무 프로세스를 측정 지표와 같이 측정할 수 있는가

정구현 이 책에서 제시하는 네 가지 측정지표 중에서 재무지표와 고객지표는 비교적 우리에게 익숙하죠. 책에 재무지표는 수익률과 경제적 부가가치(EVA: 현금흐름이나 EBITDA와 유사한 개념)로 측정하고 고객지표는 만족도와 유지율과 시장점유율로 측정한다고 되어 있는데요. 그런데 좀 재미있고 복합적인 지표가 '업무 프로세스'인데요. 이 지표는 이 책에서 가치사슬과 연결해서 설명하고 있습니다.

이 업무 프로세스는 사실은 혁신역량과 운용효율성이 다 포함된 지표입니다. 즉 제품개발과 공정 혁신 및 개선이 포함된 거죠. 사실 혁신과 운영효율성은 상당히 다른 속성을 가진 것인데 여기서 같이 측정해도 문제가 없을까요? 혁신에 관한 문헌에서는 기존 사업부는 파괴적 혁신은 하기 어려우므로 와해적 혁신을 하려면 새로운 조직이 필요하다고 하는데요. 여기서는 혁신과 운용효율성을 같은 선상에서 평가하라고 하는데 문제가 없을까요?

신현암 저자는 업무 프로세스를 가치사슬상에서 혁신, 운영, 판매 후 서비스로 나누었습니다. 각각 연구개발관리, 생산관리, 마케팅 및 판매관리의 영역입니다. 연구개발관리를 잘하는 기업을 제품혁신력이 뛰어나다고 합니다. 같은 관점에서 생산관리는 운영효율성, 마케팅 및 판매관리는 고객 밀착력이 탁월한 것이죠. 이 세 가지 중 하나만 잘해도 매우 훌륭한 기업이라고 보는데요. 일단 측정은 같은 선상에서 하더라도, 어느 분야를 더 잘하는가에 따라 그 부분에 주력하는 것으로 전략을 수립하면 되겠습니다.

균형성과관리지표에 ESG도 추가해야 하지 않는가

정구현 이 책의 네 가지 지표를 '균형성과관리지표'라고 부르고 있는데요. 여기서 하나 빠진 지표가 기업의 사회적 책임CSR 부문인 것 같습니다. 요즘은 ESG 경영이라고 해서 환경(기후변화 포함), 기업의 사회적 책임, 공평한 지배구조를 중요시합니다. 원래의 네 가지 지표에다 ESG와 같은 새로운 지표를 추가해야 하지 않을까요?

신현암 이 책의 저자들이 그런 점을 보완해서 연구했습니다. 그 결과물이 『하버드 비즈니스 리뷰』 2021년 2월호에 실린 「ESG 시대 균형성과표(BSC) 활용법Reimaging BSC for the ESG era」입니다. 위의 그림에서 파란색 선은 기존 BSC입니다. 두 개의 회색 선은 ESG 관련 내용입니다. 큰 그림을 이렇게 바꾸자고 제안했으니 구체적인 지표도 차근차근 개발될 것으로 보입니다.

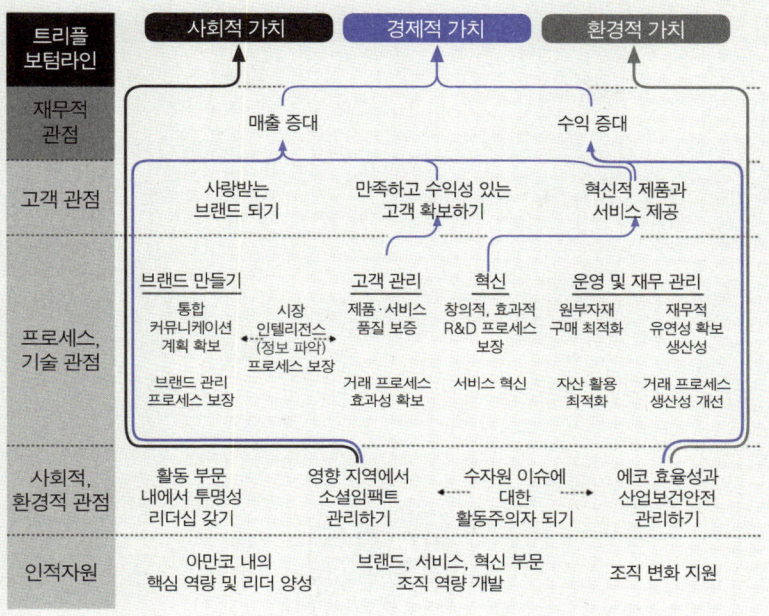

12권

메이커스

: 어떻게 새로운 혁명은
제조를 바꿀 것인가

크리스 앤더슨

1. 저자

크리스 앤더슨

여러분이 회사를 운영하고 있다면 미래 소비 트렌드 변화에 촉을 세우고 계실 겁니다. 그래서 보통은 소비 트렌드 서적을 읽습니다. 가장 전통적인 방법이죠. 이러한 책들은 일목요연하게 정리되었다는 장점은 있지만 타이밍에서 아쉬움이 있습니다. 누군가가 정리한 결과물이기 때문이죠. 사업을 하는 사람이라면 좀 더 빨리 정보를 캐치해야 합니다.

그래서 우리보다 소비 트렌드가 앞선 나라의 잡지를 읽습니다. 미국의 IT 잡지인 『와이어드Wired』와 영국의 라이프스타일 잡지인 『모노클Monocle』이 좋은 예입니다. 이러한 잡지의 편집장이라면 가장 좋은 지식을 가장 먼저 캐치하지 않겠습니까? 크리스 앤더슨

Chris Anderson이 바로 그런 사람입니다. 2001년부터 2012년까지 12년간 『와이어드』의 편집장을 지냈거든요.

그는 런던에서 태어나 5세 때 미국으로 이주했습니다. 조지워싱턴대학교에서 물리학을 공부하고 캘리포니아대학교 버클리캠퍼스에서 양자역학과 과학 저널리즘을 공부했습니다. 이공계 쪽으로 기반이 탄탄한 거죠. 그 후 『네이처Nature』와 『사이언스Science』라는 두 과학 저널에서 편집자로 6년 동안 경력을 쌓습니다. 문장력과 트렌드를 읽는 능력까지 기른 겁니다. 그 후 1994년 『이코노미스트Economist』에 합류하여 테크놀로지 에디터, 미국 비즈니스 에디터 등 다양한 직책을 역임합니다. 그리곤 『와이어드』로 건너온 것이죠.

그는 '롱테일long tail' '공짜 경제학freeconomics'이란 단어를 만들어낸 것으로 유명합니다. 오늘날 소비자들은 인터넷 검색을 통해 자신이 원하는 정보를 찾아 제품을 평가하고 구매합니다. 무한한 선택이 가능해지면서 수요곡선의 꼬리 부분이 머리 부분보다 길어져 그동안 무시되었던 틈새 상품이 중요해지는 새로운 경제 패러다임이 등장했다는 것이 롱테일입니다.

디지털 시대에는 제품 복사비용이 거의 들지 않습니다. 원가가 거의 무료이니 상품을 거의 무료로 제공하는 것도 가능합니다. 그럼 무료로 제공해야 할까요? 네, 그렇습니다. 내가 무료로 제공하지 않으면 경쟁자가 무료로 제공할 것이기 때문입니다. 그럼 이런 시대에 어떻게 수익을 만들어야 할까요? 이에 대한 해답으로 공짜 경제학을 제시합니다.

　이 두 책 『롱테일 법칙』과 『프리: 비트 경제와 공짜 가격이 만드는 혁명적 미래』가 베스트셀러가 된 후 세 번째 쓴 책이 바로 『메이커스』입니다. 어떤 내용인지 함께 살펴보죠.

　아! 간혹 1957년생의 테드TED 큐레이터인 동명이인과 혼동하는 경우가 있는데 다른 사람입니다. 머리카락이 없으면 『와이어드』의 앤더슨이고, 머리카락이 있으면 테드의 앤더슨이라고 기억하시면 좋습니다.

2. 핵심

발명가가 기업가가 되는 시대가 왔다

크리스 앤더슨은 어린 시절 외할아버지와의 추억을 떠올립니다. 외할아버지는 손주인 저자에게 너무나 잘해주셨는데 26개의 특허를 가진 발명가였습니다. 발명 특허 중 자동 스프링클러가 시장에서 성공했습니다. 그래도 발명가였을 뿐 사업가는 아니었죠.

외할아버지는 1898년생입니다. 만약 100년만 늦게 태어났다면 어떤 삶을 살았을까요? 여전히 차고를 작업장으로 사용했을 것입니다. 그래도 작업장에는 컴퓨터도 있고 인터넷도 연결되어 있겠죠. 고독한 발명가로 혼자 일하는 대신 인터넷으로 연결된 세계 각지의 열정적 발명가 커뮤니티의 일원으로 활약했을 겁니다. 아이디어 제품화를 위해 기업을 찾아가는 대신 설계도 파일을 보내 생

산토록 하고 고객에게 직접 배송하는 방법을 마련했을 겁니다. 다시 말해 단순한 발명가에 머물지 않고 기업가가 됐을 것입니다. 그냥 기업가가 아닙니다. 제조업을 영위하는 기업가입니다. 그래서 이 책의 제목이 『메이커스Makers』입니다.

새로운 산업혁명은 메이커 운동의 산업화다

이 책의 부제는 '새로운 산업혁명The new industrial revolution'입니다. 우리는 4차 산업혁명이란 용어를 쓰고 있는데요. 크리스 앤더슨의 생각은 좀 다릅니다. "1차 산업혁명은 18세기 증기기관, 2차 산업혁명은 19~20세기 전기 내연기관이 이끌었다. 1950년대 정보화 시대, 1970년대 말부터 보급된 컴퓨터, 1990년대부터 보급된 인터넷과 웹 등이 세상을 바꾸고 있지만 제조업에 영향을 미치지 못하면 아직은 산업혁명이 아니다!"라는 것입니다.

즉 3차 산업혁명은 '메이커 운동maker movement'의 산업화라고 이야기합니다. 메이크 운동은 '오픈소스 제조업 운동'이라고도 말합니다. '데스크톱 디지털 도구'를 사용해 새로운 제품과 디자인을 구상하고 시제품(디지털 DIY)을 만드는 사람들이 늘어납니다. 온라인 커뮤니티에서 사람들과 디자인을 공유하고 공동 작업하는 문화 규범도 자리잡았죠. 누구라도 제조업체에 보내 몇 개든 생산할 수 있도록 허용하는 디자인 파일을 공유하는 겁니다. 웹이 소프트웨어, 정보, 콘텐츠가 제품화되는 경로를 대폭 단축했던 것처럼 이러한 공유는 아이디어가 제품화되는 경로를 대폭 단축합니다. 이런 현상이 폭넓게 확산되면서 본격적인 3차 산업혁명의 시대에 접어들 것으로 봅니다.

책상 위에 놓이면 수많은 쓰임새가 생긴다

'데스크톱 디지털 도구'란 말에서 중요한 것은 책상 위desk top에 있어야 한다는 건데요. 사람들은 최초의 고객용 컴퓨터라면 애플을 떠올립니다. 그런데 그렇지 않습니다. 최초의 고객용 컴퓨터는 주방용 컴퓨터였습니다. 1969년 니만 마커스Neiman Marcus 백화점이 카탈로그로 첫 번째 고객용 컴퓨터 가운데 하나인 허니웰 주방 컴퓨터Honeywell Kitchen Computer라는 1만 달러짜리 허니웰 머신을 판

최초의 고객용 컴퓨터 허니웰 머신

매했습니다. 주방용 가전이라고 했지만 실은 16비트 마이크로 컴퓨터였습니다. 이 제품을 구매하려면 2주간 교육을 받아야 했습니다. 입력 장치는 토글스위치, 출력 장치는 깜박이는 조명이었죠. 동시에 주방용 통합 도마였습니다. 제품이 너무 어려웠죠. 어찌나 어려웠는지 때려 부수고 싶을 정도였다고 합니다. 당연히 거의 팔리지 않았겠죠.

1977년에 진정한 개인용 컴퓨터이자 '데스크톱' 컴퓨터인 애플 II가 출현합니다. 책상 위에 놓이고 나서야 제품 사용자들이 수많은 쓰임새를 개발합니다. 기업용 엑셀, 워드 프로세서, 가정용 비디오 게임, PC 통신 등등 말이죠. 3D프린터도 책상 위에 놓입니다.

이 또한 데스크톱인 거죠. 제품 사용자로부터 수많은 쓰임새가 개발되길 기대합니다.

사물의 롱테일 혁명이 시작됐다

20세기에 유형 재화는 다음의 조건을 충족해야 생산되었습니다.

첫째, 제조업체들이 제조할 만큼 인기가 있는가.
둘째, 소매업자들이 계속 진열할 만큼 인기가 있는가.
셋째, 광고나 상점 쇼윈도를 통해 고객의 눈에 들어올 만큼 인기가 있는가.

둘째와 셋째 조건은 아마존 등 오픈마켓이 충족했습니다. 오프라인 소매상보다 훨씬 다양한 상품을 고객에게 보여주죠. 구글 검색을 통해 어떤 제품도 구매할 수 있습니다. 일반 상품의 롱테일 법칙이 성립되는 거죠. 남은 건 첫 번째 조건입니다. 먼저 '분산된 수요'를 통합함으로써 첫째 조건을 충족합니다. 한 지역만으론 부족하지만 전 세계 수요를 통합하면 마진 창출이 가능한 물량이 모이죠. A라는 제품을 최소한 1만 개를 만들어야 적자를 면한다. 한국에서 수요는 5,000개에 불과하다. 그런데 인터넷을 통해 전 세계 수요를 알아보니 추가로 9만 5,000개가 있더라 등등 뭐 이런

티셔츠 전문점 스레들리스Threadless

자가출판 전문점 룰루Lulu

이야기가 되겠습니다. 당연히 매력적인 생산량이죠. 한편 제조업자의 제조방식도 달라졌습니다. 소위 개인맞춤 생산입니다. 티셔츠, 출판 등 온라인에서 자기 취향에 따라 자기가 원하는 제품을 자신이 원하는 만큼 생산하는 게 가능합니다.

디지털 제조는 전통 제조와 다르다

고무 오리 제조 방법을 생각해보죠. 전통적으로 제조할 땐 사출 성형 방식입니다. 금형 제작에 1만 달러가 소요되죠. 고무 오리 한 개

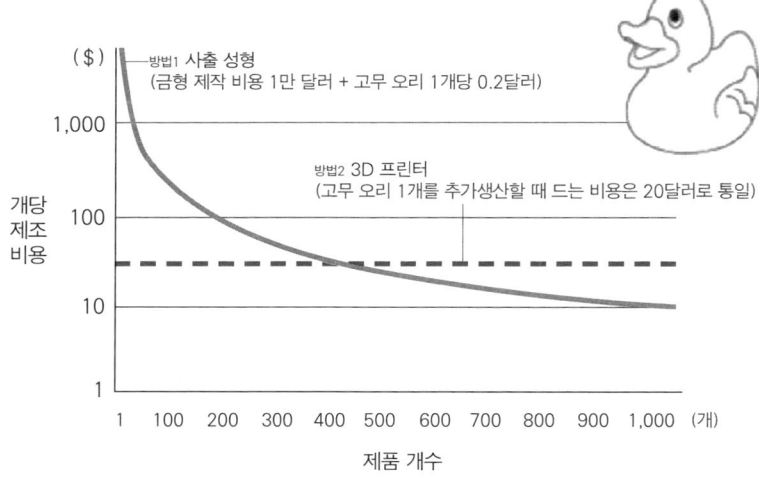

당 변동비로 0.2달러가 추가로 들어갑니다. 반면 디지털 제조방식은 금형이 필요 없습니다. 하지만 개당 단가는 20달러 정도 들죠. 500~600개 이상 제작할 땐 사출 성형이 저렴합니다. 하지만 3D 프린터는 입술을 빨갛게 하거나 파랗게 하거나 추가 비용이 들지 않죠.

디지털 제조방식을 다양성, 복잡성, 유연성의 관점에서 전통 제조방식과의 차이점을 살펴보죠.

> 다양성: 모든 제품을 각기 다르게 만들어도 제조비용은 증가하지 않는다.
> 복잡성: 3D프린터는 작은 부품이 많이 들어간 정밀 부품을 제조하는 비용이나 간단한 플라스틱 덩어리를 제

조하는 비용이 같다.

유연성: 지금까지 생산한 제품과 다른 제품을 생산하려면 3D프린터를 교체할 필요 없이 지시 코드만 바꾸면 된다.

고객이 물건을 주문하면 제작한다

미국 로컬모터스Local motors는 오픈소스에 기반한 자동차 기업입니다. 먼저 어떤 자동차를 만들지 디자인을 공모합니다. 엔지니어, 대학생, 일반인이 참여합니다. "자동차 디자인을 할 때 P51 무스탕 전투기를 참조해 달라."라고 미리 말을 합니다. 그래야 다른 자동차 기업으로부터 디자인을 베꼈다는 소리를 피할 수 있습니다. 출품된 작품 중 어떤 디자인으로 자동차를 제작할지는 커뮤니티 회원이 결정합니다. 자동차 디자인을 배웠지만 아직 취직은 못 한 사람이 있습니다. 먹고살기 위해 다른 일은 하지만 여전히 자동차 디자인에 관심이 있죠. 이런 사람이 회원이 되어 어떤 디자인이 좋겠다고 결정하는 겁니다.

커뮤니티에 올라온 디자인을 회원들이 결정하면 그에 따라 자동차를 제조합니다. 가상 실물을 사전에 제작하고 회원들의 피드백을 받습니다. 점점 개선됩니다. 실제 부품을 조립할 때 브레이크, 엔진, 기어 등은 포드, 크라이슬러, GM에서 주문합니다. 차제는 3D프린팅으로 만듭니다. 조립하는 공정도 흥미롭죠. 고객이 주말에 금토일, 금토일 총 6일간 직접 조립합니다. 고객이 최소 자동차의 50%를 만들기에 자동차 규제법의 적용을 받지 않습니다. 자동차처럼 생겼고 자동차처럼 굴러가지만 법적으로는 자동차가 아닌 거죠. 충돌 테스트를 할 의무도 없고 에어백 의무 조항도 없습니다. 미국에서 고속도로 주행은 불가능합니다. 동네에서 마실 다니는 정도만 가능한 거죠. 그래도 신기할 뿐입니다.

누구나 실력만 있다면 창업할 수 있다

저자의 취미는 레고 비행기에 자동 조정 장치를 부착하는 것이었습니다. 자신의 연구를 SNS에 업로드하면서 수많은 댓글이 달리고 토론이 형성되었죠. 서로의 아이디어를 공유하면서 더 나은 개발을 모색했던 겁니다.

DIY 드론 사이트를 개설하고 몇 달 뒤 멕시코 청년이 가입합니다. 그 청년은 아두이노(오픈소스 마이크로콘트롤러 보드)를 사용해 제작한 발명품을 소개하는 글을 올립니다. 닌텐도 게임기 컨트롤러로 장난감 헬리콥터를 조종하는 방법을 고안한 거죠. 그의 소개 글은 "내 모국어가 영어가 아니므로 양해해주세요."라는 말로 시작하는데요. 아이디어가 참신합니다. 사이트에 참여한 다른 멤버들도 "그게 무슨 상관이냐! 넌 정말 훌륭하다!"라며 그를 치켜세웁니다. 저자도 그의 아이디어에 관심을 보였는데요. 몇 차례의 의견교환을 하며 그 청년이 보통 사람이 아니라는 것을 알게 됩니다. 고졸 학력이 전부였던 그 청년은 인터넷으로만 공부해서 항공 로봇의 대가가 됩니다. 그의 실력을 믿고 저자는 '3D로보틱스3D Robotics'란 회사를 창업합니다. 그 청년의 이력서는 필요 없었죠. 그의 실력을 충분히 알았기 때문입니다.

멕시코어로 쓴 그 청년에 대한 설명을 구글 번역기로 돌리면 다음과 같이 나옵니다. "조르디 뮤노즈Jordi Muñoz는 무인 항공기용 자동 조종 장치를 개발한 젊은 사업가이며 수백만 달러 규모의 로봇 회사의 CEO입니다. 그는 엔세나다 바자 캘리포니아Ensenada Baja California에서 태어나 19세에 결혼했고 아이를 낳았습니다. 대학교에 진학하지 않았고 영어를 잘하지 못했습니다. 5년 후 그는 베스트셀러 작가이자 연사이자 『와이어드』 매거진의 전 편집자인 크리스 앤더슨이 설립한 수백만 달러 규모의 로봇 회사의 CEO가 되었습니다. 그는 MIT의 『테크놀러지 리뷰Technology Review』 잡지에서 2012년 가장 혁신적인 젊은이 중 한 명으로 인정받았습니다. 그는 멕시코에서 TR35 상을 수상했습니다."

대학도 못 나왔습니다. 영어도 제대로 못 합니다. 과연 이런 젊은이가 어떻게 취직할 수 있었을까요? 게다가 국적도 미국이 아닌데요. 지금까지 외국인 노동자라고 하면 3D 업종이 떠올랐습니다. 앞으로는 외국인 천재도 손쉽게 구할 수 있습니다. 비록 그가 영어를 못하고 고졸에 불과하더라도 말이죠.

대기업과 수천 개의 개인기업이 공존한다

혹시 오사마 빈 레고를 아십니까? 섬뜩하죠? 물론 레고가 만든 건 아닙니다. 레고는 수백만 개를 팔 수 있는 제품에 주력합니다. 작은 기업들이 레고가 채우지 못한 틈새 수요를 채우는 거죠. 극소수의 고객이 원하는 제품을 작은 기업들이 만듭니다. 레고의 롱테일 long tail입니다.

물론 레고 입장에서도 좋습니다. 작은 기업이 만든 레고는 10대 아이들도 즐겁게 가지고 놉니다. 레고에서 만든 제품은 여덟 살이면 싫증을 느낍니다. 그런데 작은 기업이 만든 제품 때문에, 아니 덕분에 열두 살이 되어도 가지고 노는 것이죠. 궁극적으로 어른이 되어도 가지고 놀게 됩니다.

어디 레고만의 이야기일까요? 21세기 제조업에서는 블록버스터 상품이 사라지는 것이 아니라 블록버스터 상품의 독점이 사라질

것입니다. 거대 제조업 기업이 사라지는 것이 아니라 거대 제조업 기업의 독점이 사라질 것입니다. 근로자 수십만 명을 고용해 대량생산 제품을 파는 대기업이 하나 있으면 틈새시장을 공략하는 새로운 소기업 수천 개가 공존할 것입니다. 대기업과 소기업이 함께 제조업의 지형을 바꿀 것입니다. 앞으로는 사물의 롱테일을 보게 될 것입니다.

3. Q&A

디지털 혁명 시대에 제조업은 어떻게 될 것인가

정구현 이 책은 제조업에 대해서 많은 이야기를 하고 있죠. 우선 3차건 4차건 산업혁명도 제조업의 변화가 있을 때 진정한 산업혁명이 된다고 주장하는데요. 여기에 동의하시나요? 우리는 보통 정보 혁명이나 디지털 혁명이 산업의 서비스화와 소프트화를 가져와서 제조업이 쇠퇴할 것으로 생각하는데요. 저자는 다르게 말하고 있나요?

신현암 그렇습니다. 진정한 경쟁력은 제조업에서 나온다는 거죠. 범위를 3D프린터 제품에 국한할 필요는 없습니다. 요즘 생산되는 자동차를 보면 내연기관차건 전기차건 IT 비중이 더 높다고 합니다. 정보 혁명이나 디지털 기술이 제품에 체화된 거죠. 주택도 홈 네트워킹 기술에 의해 IT 주택이 되었죠. 디지털 혁명을 통해 제조업이 더 경쟁력 있는 제조업으로 변신하고 있다고 봅니다.

중국에 공장을 두는 것이 계속 유효할 것인가

정구현 이 책에서 미국과 중국의 제조업 경쟁력에 대해서 재미있는 말을 하고 있습니다. 12장에서 제조업은 혁신·디자인과 제조·조립이 둘로 나뉜다고 하는데요. 미국은 아이디어·혁신·디자인에서 단연 유리하고 중국은 제조·조립에서 앞서죠. 중국이 앞선 이유가 낮은 인건비가 아니고 부품과 소재의 조달이 쉽다는 점이라고 주장합니다. 그래서 공장을 중국에 두는 게 필요하다는 건데요. 그러나 멕시코의 인건비와 미국의 시장을 고려하면 앞으로 중국에 간 제조·조립이 북미로 돌아올 것이라고 보는 것 같아요. 소위 리쇼어링re-shoring이나 니어쇼어링near-shoring의 가능성을 이야기하는 건데요. 미국 조 바이든Joe Biden 대통령의 경제 정책과도 연관이 있는 중요한 포인트라고 생각합니다.

신현암 코로나19도 그렇죠. 우크라이나 전쟁으로 러시아와 미국의 갈등이 깊어지고 러시아와 같은 노선을 추구하는 중국과의 긴장 역시 리쇼어링을 부추기는 요인입니다. 국내 혹은 우방국 내 생산망으로 복귀할 가능성이 확대되고 있습니다.

바이든 행정부의 보고서 역시 회복력 있는 공급망의 구축, 제조업의 활성화, 광범위한 성장 촉진이라는 목표를 위해 공급망을 동맹국 내 위주로 리쇼어링화해 안정적으로 구축할 것을 요구하고 있습니다. 정치 경제적으로 확장하는 중국을 견제하기 위해 우방을 규합해 글로벌 리더십을 확고히 하겠다는 것이죠.

제이캠퍼스 경영 고전 읽기 (시즌1)

초판 1쇄 인쇄 2022년 11월 1일
초판 1쇄 발행 2022년 11월 8일

지은이 정구현 신현암
펴낸이 안현주

기획 류재운 **편집** 안선영 **마케팅** 안현영
디자인 표지 최승협 본문 장덕종

펴낸 곳 클라우드나인 **출판등록** 2013년 12월 12일(제2013-101호)
주소 우) 03993 서울시 마포구 월드컵북로 4길 82(동교동) 신흥빌딩 3층
전화 02-332-8939 **팩스** 02-6008-8938
이메일 c9book@naver.com

값 19,000원
ISBN 979-11-91334-93-7 03320

- 잘못 만들어진 책은 구입하신 곳에서 교환해드립니다.
- 이 책의 전부 또는 일부 내용을 재사용하려면 사전에 저작권자와 클라우드나인의 동의를 받아야 합니다.
- 클라우드나인에서는 독자 여러분의 원고를 기다리고 있습니다.
  출간을 원하시는 분은 원고를 bookmuseum@naver.com으로 보내주세요.
- 클라우드나인은 구름 중 가장 높은 구름인 9번 구름을 뜻합니다. 새들이 깃털로 하늘을 나는 것처럼 인간은 깃펜으로 쓴 글자에 의해 천상에 오를 것입니다.